张爱玲庄信正通信集

张爱玲 庄信正——著

新 星 出 版 社 NEW STAR PRESS

青马（天津）文化有限公司
出　品

目 录

附录

前言

西方颇有些作家以文情并茂的书信为人所知，以英国而论，就有蒲柏、菲茨杰拉德、拜伦和伍尔夫夫人等；十八世纪的查斯特菲尔德勋爵基本上是个政客，没有任何创作传世，却在文学史上留下芳名，所靠的就是他写给儿子和教子的数百封恳切的家书。（另外他接到约翰逊博士那封辛辣的驳斥信后“宽大为怀”的反应也反而成为佳话。）

尤其晚年，张爱玲怕与人来往，怕接电话，也往往怕收到信（因而需要回信），加以她写信费时费神：“我写信奇慢，一封信要写好几天。”（一九八九年十二月十一日来信。）有个记者掏她的垃圾时发现她写给夏志清先生一封信的草稿。事实上，我想，除非不得已她总避免写信。这样，无论在量和质上她的书信当然都不能与查斯特菲尔德勋爵或伍尔夫夫人等同日而语。另一方面，张爱玲在中国文学史上的地位已经无可置疑，她的片纸只字都有参考的价值，遑论手札。（鲁迅的书信不很谈论文学问题；只因为是他写的，所以传得下去。）

张爱玲的遗嘱执行人林式同生前告诉我，他整理她的遗物时看到宋淇邝文美夫妇、夏志清教授和我给她的信。式同并说他注意到有些函件她没有拆封；她自己也不止一次提到为了专心写作——后来变成忙于应付“虫患”和照顾自己的健康——而往往不立即启看亲友（甚至姑母）的信（参看她一九八八年三月十三日来信。一九八八年四月二十六日来信说“我直到今年找房子住定下来才拆看你这几年的信”）。带反讽意味的是，这样一来，有些信函倒可能是因此才得以保存下来。

这情况我当年已经知道。除非有事或者太久没有她的音讯而挂虑，我避免打扰她，让她感到回信的压力；而且出于一种矜持心理，觉得不便多问关于她著作的事或别的文学问题；所以她的来信内容同鲁迅一样大都涉及私事和日常生活；到了晚年，几乎每一封都在谈虫患、健康或导致的屡屡搬家的困扰（一度竟“天天搬家”；见一九八六年九月二十五日来信）。我给她写信时便只能殷切地表达我的关怀，提出恳挚的建议。（顺便提一下：那些年我业余正在积极“恶补”，苦读经典作品，她忙里偷闲阅读的则大都是时下流行的书，包括名人传记和侦探小说；二人间缺少共同的话题。一九八二年我把一篇近作寄给她请教，七月五日她来信开头说：“前些时收到讲鲁迅与 Dostoevsky 一文，我因为没看过 Dostoevsky，看着不免迷糊，所以还没看。”）

经我注解，她给我的信曾于二〇〇六年九月起在台湾《印刻》月刊连载，随后以《张爱玲来信笺注》为名结集出书（二〇〇八年）。（上海《书城》月刊也连载过。）该书只附收了我当年自己留过底的给她的十三封信。出版不久宋以朗在其博客“东南西北”（英文名“East-South-West-North”）透露他手边有几十封我给张的书札（就是式同遵照张的遗嘱寄给他父母的)，并表示希望能与那十三封聚合。接着又影印发表了我一九九四年十二月给她的年卡及所附的短简。二〇〇九年二月二十八日接到他的电邮，告诉我据他查核，他手边的是我一九八三年起给张的信，并指出其前各封想必是她搬家时逸失。随即把我的五十三封信函原件寄还：里面有四封信同那十三封重复；有四函只有封套而没有信。

现在就加入以朗退还的我给张爱玲的信，增订结集出版。共收她的来信八十四封（或许有一二短简——她所谓的“便条”——因数次大搬家而散佚或误置，至今始终无法找到)。第一封写于一九六六年六月二十六日，最后一封写于一九九四年十月五日(她死前十一个月)，中间相隔二十八年三个月九天。来信最多是一九六九年，有九封；这与她那年去美国加利福尼亚州立大学（伯克利校区）中国研究中心接我的工作遗缺有关。其次是一九八三年，有八封。上半年五封，多半是谈唐文标盗印她作品的事；下半年的三封开始提到“虫患”问题。有两年连年卡都没有收到，猜想是因为一九七五年她在忙着写《红楼梦》的论文和英译《海上花》；一九九〇年则为病虫交迫，穷于应付，没有多余的时间和精力了。

我给她的信应当超过一百封，本书收了五十封（另外附收了一九八八年四月三十日未写完、未付邮的半封)，接近总数的一半；这当然要谢谢宋以朗。第一封写于一九八二年七月十七日，已经是收到她四十九信之后了。这也是我留过底的第一封；留底的原因是她与那封信同时退还了我呈请她改正的文稿《桃花扇——重读张爱玲》，使我深感振奋。我给她的最后一信写于一九九四年十二月中旬，是贺年片上所附的短简（没有留底，由她保存下来，就是以朗在他博客上影印发表过的)。鉴于她当时健康情况越来越坏，更不愿去信打扰她，完全没有料到八个多月后她会突然辞世。(一九八五年至一九八六年间有十九个月没有接到她来信。)

《笺注》中只对张爱玲的信就其内容本身及所涉人物、事件、地点和典故等作了注解，我的十三封没有附加说明。本书在空间容许的范围内不但对她的信尽量详细阐释（做这工作时我想到人们注莎士比亚时的兢兢业业的心情)，而且对我给她的信也加了说明，相当于为她的信作进一步的注解。查日记，找资料，花了不少时间，希望能加强她那三十年当中生活、写作和健康情况的前后连贯性，有助于读者对她的理解。

经出版社建议，本书附收内人一篇和我两篇追忆张爱玲的文字。我的两篇是一九九五年九月她猝逝后应台湾报刊之邀、怀着惊愕和悲痛匆忙提笔赶出来的。荣华记忆力比我好，写的又是获得张爱玲仅有的一次“召见”而作的通宵长谈，属于第一手记录。这三篇可以作为书信的背景资料。至于我的长文《桃花扇——重读张爱玲》虽然本书中屡屡提到过（如她一九八二年七月五日的信和我同年七月十七日的信)，却因后来编进一本文集，涉及版权，这里无法收入，很觉遗憾。

宋以朗退还的我给张爱玲的函件当中有她在几个封套背面留下的手迹，可算是另一侥幸的机缘（我很有点相信英文所谓的 serendipity)。除了不经意的涂抹（英文所谓 doodles）以外，有类似书信草稿或写作提纲的字眼。有一处比较长，但十分潦草，而且涂改得很乱，难以辨认；内容却又耐人寻味，我试着作了解读，聊供读者参考。她在我一九八八年三月二十一日去信的封套背后所写的片段提到我一九八六年三月二十六日去信的部分内容，对此我作了解释。另外，我一九九〇年十二月十五日给她的年卡封套内夹有她抄我一九八八年八月三日给她的长信近乎全文。是什么原因？使我纳闷，也影印留个记录。

一九八八年三月十三日张爱玲来信中有这样一段话：

> 我的信发表没关系。如果有声明请不要告诉人的话，需要涂抹得绝对看不见，若是原件付印的话。通常要找人用稿纸抄一份，抄手往往有错字，排字又再添一批错字。遇有英文字，连 print 都会拼错，第一个字母又爱滥改大写。只好请多校两遍。还有我离开 Kingsley 后这几年的信涉及近况，我自己预备写一篇。这几封信是否公开，要请先影印一份寄给我看看，比较妥当。

可以看得出她对于自己的书信多么重视；尽管现在离开她去世已经十七年，人与事都发生不少变化，本书在编注方面仍然尽量遵守她的提示。

* * *

下面再就编注时注意到的其他几个细节略作交代。

信函的形式和长度

普通信：长者数页，短者几行。

寄书刊时所附的信：也是长短不一；偶尔写在剪报的边缘上。

明信片：内容简短；背面有图案时就只能写在左栏窄窄的空间里（右栏专用于收信人和发信人的姓名地址）。

贺年片：她尝说不喜欢寄年卡的传统，但也未能免俗。通常会附三两句祝贺或问候的话；有时也在空白处写"便条"。所用贺卡大都是在住处附近的普通店里买的；一九八〇年十二月下旬那张则是中式的。偶尔以明信片代做年卡。

上下款

张爱玲出身清末官宦世家，却从初中开始就全程接受西方教育，一九五六年至一九九五年定居美国近四十年。众所周知，她同生人乍见面时"望之俨然"，似乎很不容易接近；但来往不久我便注意到她如中国传统那样彬彬有礼，渐渐地竟感到亲切乃至殷勤了。她知道我对她敬如师长，因此只有第一封来信上款是"信正先生"，下款写"张爱玲"；第二封用风景明信片，没有上款，下款已改为"爱玲"；第三封上款是"信正"，下款写她的英文名字"Eileen"；第四封上款是"先正"（笔误），下款也是"Eileen"。其后来信上下款大都是"信正"和"爱玲"；但空间太逼仄时则往往没有上款，下款也会只写"张"。

书写方式

来信都按中国习惯由上而下、由右而左，从来没有由左向右横写。不写年份，只写月、日。如果空间太小（例如明信片或贺年卡），便连月份也没有，甚至完全不写日期；在这种情况下本书以邮戳为据。

书写工具

始终用钢笔，黑墨水；从未用过原子笔或蓝墨水。始终用洋葱皮纸（onionskin；当年专为打字用，便于修改），白色的，只有最后几封改用深黄色。我猜想她从来不买信纸。美国信封一般有大小两种，她都用小的。

字体

总是她独特的圆润从容的书法。通常一笔一画地写正楷繁体字（她写字很快；参看一九九一年十月十二日来信），但有些字也习用简体，如门、为、实、么、这、几、点、听、过、欢、对、个、权、学、万、还等。本书既然是简体字版，就无从辨别了。字体工整而清爽，应该是先起草过的结果。

信函本文照抄原件，包括措辞、用字、标点、笔误等，不作任何改动（有两三处我认为有可能是笔误，则指出并酌加辨析）。

* * *

二〇〇五年秋季和二〇一〇年春季我在台湾花莲东华大学创作所开过两次张爱玲专题研究，教学相长，充实了我对她的理解。当前关于张爱玲，仅是传记就有十来种了，评论的文字更多（连胡兰成都成了热门话题）。有生之年，我希望能随群贤之后进一步探讨她的作品。尤其是《传奇》和《流言》，已经成为经典。（我在东华也开过两次乔伊斯《都柏林人》专题研究，发现它和《传奇》不仅同属早熟的天才之作，而且有可以对比互证之处；就短篇小说而言，除了契诃夫以外，只有这两个集子我乐于一读再读。）

现在我第三次回到这“山气日夕佳”的美丽的翠谷来了（前年春季任英美文学系客座教授），而每次都与张爱玲有关系；写前言至此，不免想到这巧合也可算是一种机缘，值得珍惜，值得一记。

庄信正

二〇一二年五月二十一日

东华大学宿舍

增订再版前言

此书于二〇一二年初版，现在趁再版的机会作了一些修改增补；她的信札也恢复全貌。

到今年一月为止，这七年之间张爱玲的魅力有增无减，她的新旧著作分别以中英文继续问世，例如《爱憎表》是一九九〇年所作散文，长二万三千多字，生前未能完成，二〇一六年在宋以朗安排下由冯晞乾整理发表。英文译本有以下几种：

1. *The Young Marshal*（《少帅》，二〇一四年）。张生前未完成的根据张学良生平所写英文长篇小说；由郑远涛译为中文。有宋以朗的前言。前面是译文，八十六页；后面是原文，一一九页。另附资料性“少帅 · 别册”，一一〇页。

2. *Naked Earth*（《赤地之恋》，二〇一五年）。此书原由香港 The Union Press（友联出版社）印行；有 Maria Yen（燕归来）的序。新版是 New York Review Books（NYRB，纽约书评丛刊）之一；有中国文学专家 Perry Link 的序。

3. *The Little Reunions*（二〇一八年）。是《小团圆》的英译本；译者为 Jane Weizhen Pan 和 Martin Merz。也由 NYRB 出版。书前有

译者说明；末尾有八页中英文人物名表，附以简短介绍。该年二月四日 *New York Times Book Review*（《纽约时报书评周刊》）有半页长的评介。NYRB 是美国高格调杂志 *New York Review of Books*（《纽约书评》）附办的丛刊；不定期发行或重印时下不畅销的经典性著作（该社所谓“Classics”）。除了这两本以外，早于二〇〇七年出过张的短篇小说选 *Love in a Fallen City*（《倾城之恋》）。

书信方面，夏志清先生编注的《张爱玲给我的信件》（二〇一三年）是重要的第一手资料，极具参考价值。其他零星简札连片纸只字都为人珍视，陆续被发表出来，包括今年年初香港电影导演王家卫公布的她辞世前两个月给他的一封。

《宋家客厅》是宋以朗所著关于他父母宋淇和邝文美生前与亲密朋友——尤其张爱玲——的交谊情况的详实而有见解的书（二〇一五年），其中引了大量函札。宋以朗计划在二〇二〇年张爱玲百岁冥诞时编印她和宋、邝夫妇间长七十多万字的全部信函。这无疑将是张学领域内一大盛举。

与她有关的新资料不断出现，谈她生平和著作的纪录片有的很值得看。书文更是所在多有。但是我远处地球的另一端，中文资料时时有“恨少”之叹。每每看到涉及她的文字和报道便很珍视。例如二〇一二年广州图书馆编印了《张之洞致张佩纶未刊书札》；二〇一三年在北京张人骏后裔的旧居发现了《先府君行述》；二〇一八年十月上海人民出版社出了姜鸣所编《李鸿章张佩纶往来信札》（长七百页），三者同佩纶死后他与原配所生之子志潜编撰的《篑斋府君行述》不消说都是珍贵的的原始文献。二〇一八年初万燕的《解读张爱玲》也很值得看。（二〇〇三年万燕和止庵合著的《张爱玲画话》

是张学的另一好书。）

下年是张爱玲百秩冥寿。她的曾外祖父乍死时梁启超怀着激情给他下过盖棺论定似的评语。作为张爱玲的爱读者和相识者，我不妨趁这当口提出对她难免主观的看法：放到世界文坛上她不能同契诃夫诸大家平起平坐。但是《传奇》可以媲美《都柏林人》(*Dubliners*)；比屠格涅夫、莫泊桑、海明威等人并不逊色；比鲁迅、沈从文则有过之而无不及。纯从艺术观点她称得上是中国最好的短篇小说家。

庄信正

二〇一九年二月二十五日

纽约

张爱玲致庄信正

一九六六年六月二十六日

Chang

1315 C St Se, Apt. 22

Washington, D. C. 20003

信正先生，

回家后忽然想起来，Racliffe 申请 grant 找保人有“从几时认识的”一项，似不必问 Mr. Frenz。我找夏志清因为认识年数久了，而且可以举出他的文学史作参考。过天我再写信给 Mr. Lau，或者可以算 1960 年在台湾见过。你说不像他会写信，千万不要抽出时间来特为回信，等以后见到陈先生向他探探口气后再告诉我。跟你们谈过后实在给了我非常大的鼓励，这里匆匆不说了，祝

好

张爱玲

廿六日午

注解：

这是张爱玲给我的第一封信。

一九六五年我的母校美国印第安那（州立）大学比较文学系主任福伦兹（Horst Frenz）教授筹办“东西文学关系研讨会”（Conference on Oriental-Western Literary Relations），要我代为邀请一位资深中国学者参加。我首先找夏志清教授；他有事不克分身，建议我另邀张

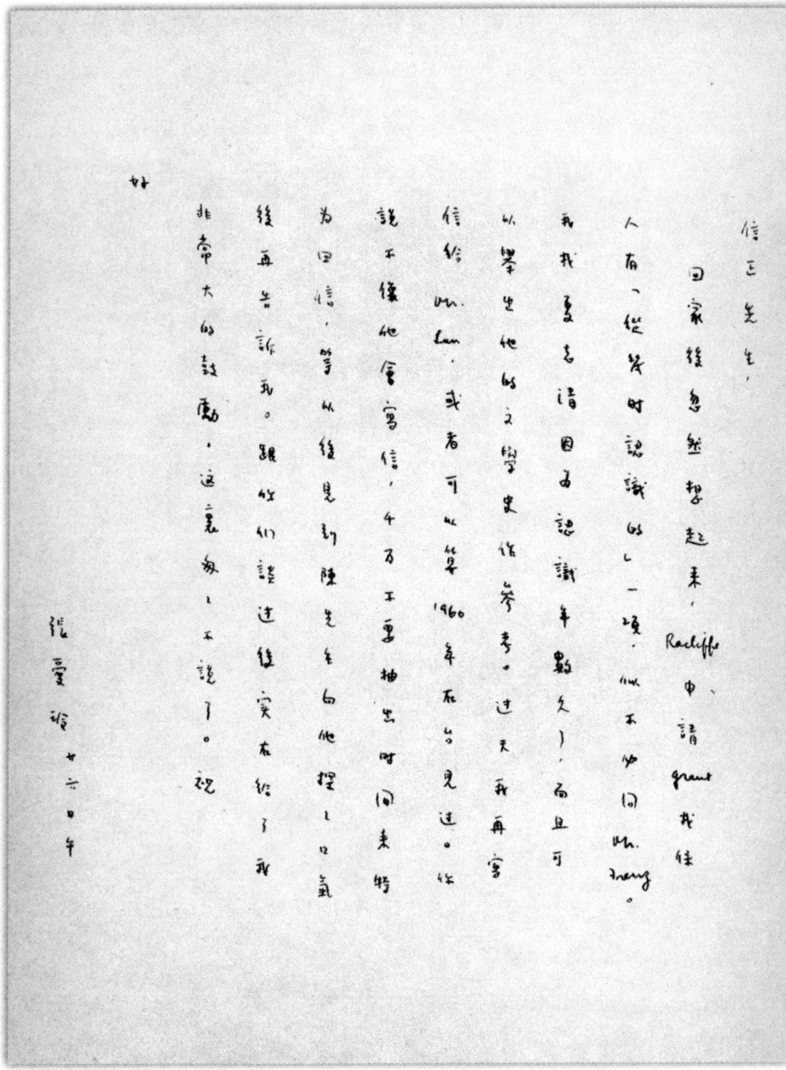
信正先生，

回家後忽然想起來，Radcliffe 申請 grant 找保人有「從何時認識」一項，似不必問 Mr. Tseng。我找夏志清因為認識年數久了，而且可以舉出他的文學史作參考。過天我再寫信給 Mr. Lau，或者可以算 1960 年在台見過。你說不像他會寫信，千萬不要抽出時間來特為回信，等以後見到陳先生向他提提口氣後再告訴我。跟你們談過後實在給了我非常大的鼓勵，這裏匆匆不談了。祝

好

張愛玲 廿六日午

张爱玲寄给庄信正的第一封信。

爱玲。震于她的盛名，我颇怀疑张先生会答应，夏先生要我试试看。我与心目中的这位天才作家素昧平生；为了慎重其事，次年请福伦兹师出面亲邀；她居然接受了。暑假我从任教的坎萨斯（州立）大学返回印第安那，由恩师福尔斯特（Norbert Fuerst）督导赶写关于《红楼梦》题材的博士论文。研讨会正在那时举行，我得以前往听讲。张爱玲谈的是中国电影。开会前她姗姗而至，差点迟到。胡耀恒兄其时在印大攻修戏剧博士学位。据他相告，那天他受福伦兹先生之托去学校附设的宾馆接引她前往会场，她很客气地邀他进房间谈了一会。会后经刘绍铭（即此信所说的 Mr. Lau）倡议我们二人去宾馆求见张先生，谈了半小时多。至今我还记得当时的兴奋和庆幸的感觉，也记得她这里所说的"非常大的鼓励"其实给了我更大的鼓励。

她计划申请附属于哈佛大学的著名女校瑞德克里夫学院（Radcliffe College；她在信里拼成 Racliffe）"独立研究奖助金"（Fellowship Grant for Independent Study），要我转托福伦兹教授为她写推荐信。她从印第安那回到住处（美国首府华盛顿）立即来信，说申请表上需要具体填写与推荐人相识多久，而她和福伦兹先生是初识，效果不会太大。（我已先向他转达她的嘱托，他慨然应允。）

"陈先生"指美国加州大学伯克利总校区中国文学教授陈世骧。那年春天我接受他的聘约于七月开始去该校中国研究中心（Center for Chinese Studies）继夏济安师之后担任陈先生主持的研究项目 Current Chinese Language Project 的工作。在印大时我告诉她也可以找他写推荐信。一九六六年她向中国研究中心提出的履历表说一九六七年取得瑞德克里夫奖助金是为了把《海上花列传》译成英文；次年获准延长一次，至一九六九年六月。

张爱玲致庄信正

一九六六年八月十八日

(Chang

1315 C St Se, Apt. 22

Washington, D. C. 20003)

收到信非常感谢，已经写信给陈先生，地址不十分确定，寄到你办公处请你转。长途驾车见闻必多，也紧张。过天再谈。

爱玲

八月十八日

注解：

这是一张风景明信片，仅正面左侧有小片空间，因而左上角未按习惯写发信人的姓名和地址（这里是我加的），也未写上款。明信片背面的图是美国华盛顿（总统）纪念碑夜色。

一九六六年七月我完成论文，通过口试，取得学位；立即驾车从印第安那以三天时间赶往伯克利，于八月一日去中国研究中心报到上班。（路上晚间服安眠药，早晨服一种叫 No-Doze 的防瞌睡药，并且离加州还有一天路程我那“任重道远”的德国制 Volkswagen 小“甲虫”汽车就出了故障，所以“紧张”有余而“见闻”不足。）我写信告诉张爱玲陈世骧先生已经答应写推荐信。她同他两年前结识，并不熟稔，写给他的信嘱我转交。

张爱玲致庄信正

一九六六年十月八日

Reyher,

c/o University Center, Miami University

Oxford, Ohio 45056

信正，

我由绍铭介绍，上月十七日搬到这里来，所以你廿三日的信到今天刚转来。我这两天正想写信告诉你，想必你一定替我高兴。《文星》看着非常感动，过天就寄还。那本短篇小说集千万不要寄来，等我有空可到这里图书馆借，他们这一类的书最多，一定有。我过天再给绍铭写信阻止他。已经午夜了，但是想赶紧出去寄信（另一封托你转陈教授，不确定是否同一地址，所以又烦你转），因为明天星期日只有早晨一班邮。祝

一切都好

Eileen

十月八日

注解：

这次封套左上角发信人的名字由她自己的姓（Chang）改用丈夫赖雅（Ferdinand Reyher）的姓；回信地址是俄亥俄州牛津城迈阿密大学。她刚到该校任驻校作家。

《文星》是当时台湾有名的杂志，李敖主编。这里指该刊第

九十一期（一九六五年五月号），其中有纪念刚于二月猝逝的夏济安先生的特辑，收了陈世骧、夏志清等人的悼念文字；我的一篇叫《才情、见解、学问——敬悼夏济安先生》（后来收入我的第一本文集《异乡人语》）。

“那本短篇小说集”指一九五四年香港天风出版社《张爱玲短篇小说集》，其时她手边没有，我想把自己所藏的那本送她。“千万”二字旁边加了圈圈，表示强调而又强调。

“陈教授”即陈世骧先生。下面“不确定是否同一住址，所以又烦你转”二语是写完后加的。信里谈她申请奖助金的事。

下款所签“Eileen”是她的英文名字。

张爱玲致庄信正

一九六六年十月十九日

Chang

Oxford, Ohio 45056

先正，

收到你与陈教授的信，非常快慰与感激，附上一信，仍请转给陈先生。你那本《文星》上选有一篇讲胡适的思想，涉及近百年来中国政治，刚巧他们这里要我讲点几十年来中国政治对知识分子的影响，正好用作参考，正在做札记，所以还没寄还给你。也真是运气，刚巧这时候你寄给我。我上周末有事赶回华盛顿，把你的信带去看，没带回来。你是不是说没看过《赤地之恋》？我下次跟香港USIS要一本给你，不费事，不必跟陈先生借。匆此祝

好

Eileen

十月十九

注解：

封套上发信人名字又改回Chang。

先正：原文如此。笔误。

“讲胡适的思想”的那篇文章指上信所说《文星》中郭湛波的《胡适的时代和他的思想（上）》。张爱玲备受胡适赏识，她也在散文和书信里多次提到他；专文《忆胡适之》（收入《张看》）是她一九四

〇年代以后最好的散文之一。胡适一九五五年的日记有两次着重谈她。其一追记两个月前收到她寄赠的《秧歌》和附带的信，而且把原信收入日记；另外说他回过信（该信全文见《忆胡适之》），盛赞这部小说。其二记她祖父张幼樵当年曾写信给清廷派往东北与沙俄谈判边境问题的钦差大臣吴大澄推介他父亲胡传，带着感激之情直承"此是先父后来事业的开始"。胡传至终升为台湾台东地区实际上的军政长官；甲午战争后台湾割让给日本，胡传病死于厦门。

她的长篇小说《赤地之恋》当时坊间买不到。

USIS：香港美国新闻处（United States Information Service）的缩称。《秧歌》和《赤地之恋》中文本最初都在该处所办的《今日世界》（那时叫《今日美国》）连载。《赤地之恋》随即由该处所属的天风出版社出书（一九五四年）。显然她讨取也非易事，我迄未收到寄书；曾由友人处借来读过，但直到一九九〇年代新版问世才拥有一册。其前很久倒已购得香港友联出版社一九五六年的英文版 *Naked Earth*。一九九〇年代美国有家 *New Asian Review*（《新亚评论》）杂志发行人兼总编辑 James Borton 要重印，辗转托人把我那本借去，并且在 *New York Review of Books*（《纽约书评》）上做过广告，却始终未见出书；我那"底本"被退回给夏志清先生，遂由他保存。二〇〇六年在 Amazon 网路书店又买到一册，而且只三十多美元，甚觉幸运。一九九八年加州大学出版社再版 *The Rice-Sprout Song*（《秧歌》）和 *The Rouge of the North*（《怨女》据以改写的英文本）；*Naked Earth* 至今未见新版。

张爱玲一九六九年所写履历表中提到那时 *The Rice-Sprout Song* 已被译成二十三种语文，*Naked Earth* 也有十几种译文。

张爱玲致庄信正
一九六六年十二月十二日

Oxford, Ohio

近来可好？我曾到 Library of Congress 中文部查“南朝金粉，北地胭脂”出典，主要想知道是否七世纪写的，虽然大家都知道这句子，仍旧查不出，想托你查查。大考近了，一定特别忙，假期如去旅行，就请等下学期再查，不忙。杂志寄还想收到。祝
安好

爱玲

十二月十二

又，下次来信请把家里地址再写一遍。

注解：

明信片，没有上款和发信地址。从邮戳上看出是写信次日寄自俄亥俄州牛津城。

Library of Congress：美国的国会图书馆，相当于国家图书馆，也是全球最大的图书馆。

“南朝金粉，北地胭脂”：她要用作 *The Rouge of the North* 的卷首引语。这两句话尽人皆知，但我遍查、遍问，始终未能找到出典。顾孟馀先生当时也在加大中国研究中心，他认为大概是人们拿“六朝金粉”和“北地胭脂”这两个词凑合而成的，古书里似乎

没有前例。我告诉了张先生。书出后见她译成“The face powder of southern dynasties, / The rouge of the northern lands”，下面注明：“Chinese expression for the beauties of the country, probably seventh century”（中国形容美女的话，大约始自第七世纪）。第七世纪在隋末唐初，我颇怀疑这八个字其时已开始连用。二〇〇六年“敏思博客”网有老探戈《张爱玲留下一道无解的难题》一文，对这句话作了探讨，提到王书奴《中国娼妓史》引过清末一首“竹枝词”内有“南朝金粉野鸡窝，北地胭脂唤奈何”二句。至终作的推论则与顾先生相近。

我在加州大学的工作（一九六九年由她继任，见一九六九年三月三十日张爱玲来信及注，35页）是研究和写作；她仿佛以为也教书，按时有固定的假期。

杂志：即《文星》第九十一期。

张爱玲致庄信正

一九六七年一月一日

Oxford, Ohio

收到信非常感谢。真想不到这两句的来历这样复杂。我不过年。连载《怨女》是没改过的，脱落字句又多，自己也看不下去，不久单行本出来了马上寄给你。祝

百事如意

爱玲

一月一日

注解：

风景明信片兼作贺年卡。没有上款。风景不是发信地俄亥俄州，而是美国第三任总统杰弗逊在弗吉尼亚州的故居蒙蒂塞洛（Monticello）的起居室，想是她在华府买的。

这两句的来历：指"南朝金粉，北地胭脂"，见上信及注。

张爱玲把中篇《金锁记》扩展成英文长篇 *Pink Tears*（《粉泪》），却遭 *The Rice-Sprout Song* 原出版者纽约 Charles Scribner's Sons 拒绝。她早年便立意以英文著述扬名（《私语》："我要比林语堂还出风头"），因此打击很大。她改写成 *The Rouge of the North*，同样未能被美国书商接受，一九六七年才由伦敦 Cassell 出版社刊行。此后直到她去世近三十年当中没有再以英文出书。以中文重写的《怨女》则于一九六六年在香港《星岛晚报》连载。

张爱玲致庄信正

一九六七年四月十一日

Oxford, Ohio

信正，

近来可好？我寄了部《梦影缘》弹词到你办公处，请转交陈世骧先生，我过天写信来解释。不知道你这两天可放假，但是挂号寄到你家里万一你不在，要特为到邮局去拿，太麻烦。

张爱玲

四月十一

注解：

明信片。

《梦影缘》：木板函装，无疑是她家传的善本书。（这样的书至少还有线装的《歇浦潮》也寄我转送陈世骧先生。参看她下一封信。）《梦影缘》是一部弹词，晚清女作家郑澹若所著。现在知道的人不多了。据郑振铎《中国俗文学史》（一九三八年）第十二章：

> 有郑澹若的，在道光间也写了《梦影缘弹词》四十八回。吹月吹笙楼主人《娱萱草》的序说："昔郑澹若夫人撰《梦影缘》，华缛相尚，造语独工。弹词之体，为之一变，"……其故事叙庄梦玉和十二花神的姻缘……澹若于咸丰庚申杭州失陷时，饮卤以死。

张爱玲致庄信正

一九六七年四月二十八日

信正，

我十八日离开 Ohio，忙乱中来不及写信，理东西的时候发现一部弹词，明知陈世骧先生不见得对弹词有兴趣，还是寄了来托你转去，等于我跟着大家逛了逌旧书摊。我申请到了 fellowship 译《海上花》，七月搬到 Cambridge 去，先在纽约暂住两个月，地址是

Hotel Alamac, Rm. 730

71 Street & Broadway

New York, N.Y. 10023

在 Ohio 他们已有周翔初，不需要添人，我去本来讲明是客串几个月。搬家累着了，扭了筋，所以听你说陈先生夫人前两天在纽约，也没设法去找。《又见棕榈……》梨华给了我一本。附信请等陈先生回来后转交。祝

近好

爱玲

四月廿八

注解：

此信的封套找不到，想必用来装她所附的信给了陈先生了。发信地址该就是她当时在纽约市区暂住的旅馆。

逌：我遍查数种多卷本汉语和书法词典、字帖以及十来种《红

楼梦》手抄本，并烦请友人转托专教文字学的同事，都无法查到这个字眼。这里却显然不是笔误，因为凡是她的手稿中都是这样写法，例如一九七〇年给我的年卡；一九七四年六月十三日给我的信；她在我一九八八年二月十五日给她一信的封套背面拟的信稿片段（见该信所附插图）和《小团圆》等。猜想这是她从小养成的书写习惯。此外可举二例：短篇小说《相见欢》在《皇冠》发表她签赠我的剪报有三处郑重其事地把“彷佛”的“彷”改为单人旁；在《色，戒》的剪报上有四次把“斗篷”的“篷”改为草字头。

fellowship：指她已经获得的瑞德克里夫学院的奖助金。

译《海上花》：参看她一九八〇年九月二十七日来信及注（112页）。

Cambridge：美国麻州大学城，在波士顿市郊，是瑞德克里夫、哈佛和麻省理工学院等名校的所在地。

周翔初：张先生一九六六年十一月四日致夏志清先生信中提到，她住俄亥俄州期间周“对我照应得很周到，但并不friendly”。

《又见棕榈……》：指於梨华长篇小说《又见棕榈，又见棕榈》。

张爱玲致庄信正

一九六七年十二月二十一日

Chang

83 Brattle St. Apt. 45

Cambridge, Mass. 02138

May the joy of the holiday

linger on

Long after the season has come

and gone

并贺大喜

单行本与合集都还没出版，出来了一定寄来。

爱玲

十二月廿一

注解：

年卡：寄自她到瑞德克里夫学院后所住的公寓。[按：Brattle 这条街很有名气。因为就在哈佛和瑞德克里夫两所学府近旁，来往方便，以至于其公寓对房客加以限制；二校的教职员和研究生有优先权。一九七一年美国大诗人毕肖普（Elizabeth Bishop）在哈佛客座时曾住 60 号。]封面印的例行套语是灿烂的金字 Happy Holidays，背面是原有的贺词。

并贺大喜：这年是我一九六〇年来美进修以后首次返回台湾，

在父母催促和亲友安排下草草地订了婚，所以张先生有此一贺。

“单行本”指《怨女》，见她一九六七年一月一日来信及注（22 页）。“合集”指正在计划再版的《流言》《秧歌》和《张爱玲短篇小说集》等，皆于次年陆续出书。

写此信之前两个多月她丈夫赖雅于十月八日病殁，得年七十六岁。他们一九五六年三月初识，七月十四日结婚；当时他将满六十五岁，她不到三十六岁。

赖雅的全名是 Ferdinand Maximilian Reyher；张爱玲一九六二年二月十日从香港给他的信把头两个名字颠倒，看来是二者兼用。现在没有什么读者知道他是何许人了，主要原因是作品太少，只发表过两三部小说和几个剧本。但他生前一度颇为活跃，认识很多著名作家，包括康拉德和乔伊斯，现存他与此二人及美国大诗人史蒂文斯、名小说家路易斯等人的通信。他同史蒂文斯一九一〇年结识，时相往来、通信；其时赖雅想写小说，史蒂文斯可能是最早鼓励他写剧本的人。

赖雅是美国左翼作家，却与很多走回头路的“同路人”不同，至死无悔。他生平最为人所知的是和德国名戏剧家布莱希特间的深厚友谊及合作关系（布的有些作品由他襄助完成）。二人一九二八年在柏林初识，布主要靠他的积极推介和揄扬而开始享誉美国及世界文坛。布极其左倾，因此美国联邦调查局“恨屋及乌”，曾卖力地调查过赖雅，辟有专门档案。

赖雅的前妻豪尔维治（Rebecca Hourwich）是美国颇有名气的女权运动家。他死后她在一篇谈话录中对他亦褒亦贬：一方面赞他有才气有个性，直言布莱希特是他发现的；另一方面抱怨他自私自利，亏待妻女。关于张爱玲，她知道她是中国作家，但把姓误为 Chiang，进而推测她可能是出身"the famous Chiang family"（显赫有名的蒋家），又认定她祖父曾任"governor of Mongolia"（蒙古总督）。她似乎认为张爱玲是靠结婚入了美国籍。赖雅的传记书名叫 *Bertolt Brecht's American Cicerone*（《布莱希特的美国向导》），莱昂（James Lyon）著，一九七八年在德国波昂出版；书后附有两位作家间的全部通信。莱昂并引了他一九七一年二月二日访谈张爱玲时她对丈夫的记忆。尽管赖雅已经与布失和，在纽约仍然带她去看他的话剧，并且向她推荐 *The Good Woman of Setzuan*（德文原名 *Der gute Mensch von Sezuan*：《四川好女人》），因为不但以中国为背景，而且是部杰作。张爱玲死后莱昂写过一篇追忆文章《善隐世的张爱玲与不知情的美国客》（叶美瑶译，《联合文学》，一九九七年四月号），其中披露了她写给他的三封信。

赖雅身后所遗各种文件（如手稿、书信、日记等）现藏美国马里兰（州立）大学。据该馆所编目录，有他们夫妇间一九六二年的通信一封；有她的手稿"memoir"（回忆录。注云"unpublished, undated"）和 *The Rouge of the North* 中的一章，也注明没有写作日期。有夫妇二人的合照一帧。有赖雅同发妻的结婚证书和离婚文件，但没有他和张的结婚证书。他的日记该有关于她的叙述。

在政治上张爱玲一生属于保守派；这对夫妇一左一右，突出地显示了文学的不可抗拒的吸引力。

张爱玲致庄信正

一九六八年十二月九日（邮戳）

Reyher,

83 Brattle St. Apt. 45

Cambridge, Mass. 02138

等收到《怨女》《半生缘》马上寄来。祝

俪安

爱玲

注解：

年卡。顶上印的是贺词套语 Merry Christmas and a Happy New Year。没有上款，末尾也未写日期。

《怨女》于一九六八年出单行本，她送我的这本所签日期是一九六九年七月十六日。《半生缘》据《十八春》(一九五〇年在上海《亦报》副刊连载，次年出单行本）改写增订而成；一九六七年由台湾《皇冠》月刊连载，一九六九年出单行本。她送我的这册所签日期是一九七一年三月十日。一九八六年一月江苏文艺出版社未经授权重印了《十八春》。

从一九六七年底到一九六八年底中间我应该给她写过信，却似乎未曾接她来信（那些年我不记日记，无从核实）。她以为我已经结婚，其实那时候我倒正在解除婚约。

张爱玲致庄信正

一九六九年一月二十三日

Reyher,

83 Brattle St. Apt. 45

Cambridge, Mass. 02138

信正，

收到你的信当然非常高兴，对我有打气的作用。《半生缘》原来的结尾已经写信告诉志清。单行本还没收到——我叫他们一律平邮寄来，因为不急于看——最好你先不要买。先寄本《北地胭脂》给你，因为这本倒是一个标点也没经人改过，除了印错，不像《秧歌》，英文本我始终看着不顺眼。你忙，等以后随便什么时候抽得出时间，还是希望你写一篇，不过明报月刊 must have had enough, after 水晶。我趁这时候借书方便，写几篇红楼梦考证，加上译书，快来不及了，所以这一向忙得昏天黑地，连济安的《黑暗之门》都还没来得及看，相信一定是像你说的。"离安"真可笑，我的模糊缠夹，只有广东话"乌龙"可以形容。我可以想像你开车到洛杉矶，来来往往，风尘仆仆的情形。谢谢你替我托人，writer in residence 的事绝对不会有，不但在哈佛。我在这里六月结束，信到八月底。想找个收入奇少，工作也不多的小事，但是我找事实在无从着手，也不急在一时，请你慢慢的替我留神。出选集的事白先勇没提过，容再考虑一下。你的 monograph 是关于什么？等三月见面再谈，你百忙中千万不要再写信，到 Boston 后请打个电话来，354-4684。

匆匆祝

好

爱玲

一月廿三

注解：

《十八春》既然撰于一九五〇年代，当然要顾虑到大陆的所谓“文艺政策”，所以结局很带“积极性”，接近“大团圆”；一九四九年以后“把思想搞通了”的几个男女主角都成为“革命的大家庭的一员”，志愿报名到东北参加工作。这样，就失去张爱玲的本色了。

《北地胭脂》：即 *The Rouge of the North*。

当时我计划写一篇文章谈她，即后来的《桃花扇——重读张爱玲》。

must have had enough，after：经过……之后已经受够了。

The Rice-Sprout Song 初版被美国老编改动不少，她看了不顺眼，耿耿于怀。关于她的英文，《存稿》自述在香港求学三年中“没有用中文写东西。为了练习英文，连信也用英文写”。获得很高的功力。可能因为主要是自学而成，风格有其 idiosyncrasy，夏志清先生不止一次对我说她的英文“很怪”。

她在台湾《皇冠》等刊物发表的“几篇红楼梦考证”一九七七年结集出书，名《红楼梦魇》。张爱玲八岁就开始读《红楼梦》（见《论写作》）。念中学时曾仿鸳鸯蝴蝶派写过章回小说《摩登红楼梦》，回目由她父亲代拟（见《存稿》）。一九六一年去香港编写《红楼梦》，因故未能完成。

"译书"指《海上花列传》英译。

《黑暗之门》指夏济安先生研究一九三〇年代中国左翼文学运动的英文遗著 *The Gate of Darkness: Studies on the Leftist Literary Movement in China*。该书在他死后经胞弟志清编定，于一九六八年由华盛顿（州立）大学出版，收了六篇长文，显示他治学严谨，见解超卓，而英文造诣深厚；我给张先生的信里极力赞颂过。此书中文本由他的朋友和学生分工合作译成（我负责两篇），书名译作《黑暗的闸门》（因为原出《说唐》中雄阔海托住千斤闸让各路反王逃出扬州的故事），当时正在计划出版。我一生中有几件事感到极其幸运，其一便是在成长过程中有缘受到长辈和业师的熏陶、启迪和提携，包括张爱玲和夏济安二人。

夏志清先生曾影印赠我一九五七年初张爱玲寄给济安师的明信片短简，可能是她写给他的唯一信函，弥足珍贵，现抄录如下：

济安先生，

谢谢你的信与转来的读者来函。听到贵刊将载令弟的《张爱玲论》，我自己反省了一下过去的工作，自己先觉得惭愧。

《文学杂志》已收到，谢谢！上星期我寄了个短篇小说给宋先生托他转交，但是恐怕赶不上下一期登。此颂

编安

张爱玲

一月三日

信从她当时同赖雅所住的美国东北部新罕布什尔州小城

Peterborough 寄台北市同安街五十五巷二号,《文学杂志》的社址。济安师一九五九年离开台湾时随身带来美国,始终保存着,可见多么珍惜了。他们只会见过一次。据高克毅先生《张爱玲的广播剧》一文(台湾《联合文学》,一九九五年十月号),一九六四年春美国亚洲研究学会(Association for Asian Studies,简称 AAS)在华府举行,夏氏昆仲都有论文提出;他们不消说非常希望能同当时正住在那边的张爱玲晤面结识。于是由高先生安排,邀她餐叙,在座的还有陈世骧和吴鲁芹二先生。这是一次很有纪念性的晚宴,因为不但是济安师同张先生唯一的聚会,也是他同高先生唯一的聚会。宋淇《私语张爱玲》(一九七六年;收入其一九八一年文集《昨日今日》和《张爱玲私语录》)提到,济安师猝逝后张先生给他们夫妇的信里说那次他在席上曾不期然地对她发言道:"I'm your competitor, you know."“弄得她莫名其妙”,因为她根本不知道他写小说。其实此前他已经在 *Partisan Review*(《宗派评论》)登过一篇,但尽管该刊是当时极权威性的杂志,却是以“小众”为对象,张未必知道。济安师人极诙谐,爱开玩笑,而张先生同他不熟,忽听他发此“豪语”,难免错愕。(关于高克毅,参看一九八三年一月十三日张爱玲给庄信正的信注解。)

“贵刊”即下段所说的《文学杂志》,济安师主编。《张爱玲论》指志清先生的英文论文《张爱玲的短篇小说》,由济安师移译;刊出后影响极大,使台湾及海外广大读者开始认识到张的著作。她信中所提“短篇小说”指《五四遗事》,结果赶上一月二十日那期刊登。关于夏济安先生,我曾发表过两篇文章,一是悼念,一是追忆,均见《异乡人语》。“宋先生”指宋淇。张先生一九五二年七月从上海去香港，次年结识宋淇、邝文美，随即夫妇都成为她最信赖的朋友，后来宋先生形同她的文学代理人。

“离安”：已不记得她在什么地方（或许是给我的一张便条，但未能找到）把“济安”的“济”写成“离”，我给她写信时冒冒失失地指出。

那段日子我有时去洛杉矶探访朋友；她说开车，其实主要坐飞机。

writer in residence：驻校作家。在我心目中这是对她最合适的职位。

白先勇当时与他弟弟先敬在办晨钟出版社，要出一套作家选集，托我代为向张爱玲接洽。见下一封信。

monograph：单行本的专题论文。加州大学中国研究中心由陈世骧先生主持的项目每年出一本这样的研究成果。我在那边三年写过三本；这里指第三本，*Evening Chats at Yenshan, or, The Case of Teng T'o*（《邓拓与〈燕山夜话〉》），一九七〇年出版。

三月见面再谈：见下信注解。

张爱玲致庄信正

一九六九年三月三十日

Chang

83 Brattle St. Apt. 45

Cambridge, Mass. 02138

信正，

我补了一封信来，说明托你转言，请转致陈世骧先生。希望你回来一路顺风。你提起《现代文学》登白先勇的照片，我也没来得及告诉你，水晶来信说《现代文学》要登我的旧照片，应当改“近影”，可由他转交。我寄了两张 snapshots 去。出选集我当然赞成，不过不必勉强，等等再说。我说《皇冠》没有 monopoly 是指稿子，已出的书是否能出选集，下次找出合同来查一查。再谈，祝与洛杉矶两地平安。

爱玲

三月卅日

注解：

我在加州大学工作了一年，洛杉矶的私立南加州大学便邀我去该校任教；但陈世骧先生坚决挽留，我也感到只做一两年太短，有负他的垂爱。第三年南加大再度力邀，并直接与陈先生商量，他也同意我从研究转为教书，终于我接受聘约于一九六九年秋季前往担任中国文学和比较文学助理教授。世骧先生要我帮他物色另一人接补空缺。我转托夏志清先生，他又推荐张爱玲。此前三年我接济安师的位子已经感到荣幸，现在找我心目中的偶像来接我的位子更觉得惶恐不安。不敢造次，我请夏先生写信给她探探口气。不久接他回信并转来张先生给他的信。夏先生给我的信也全都保存下来，但件数较多，而且年月已久，未能找到。却记得张先生说自己认为资格不够。夏先生解释这是中国传统的谦虚之词。我也有同感，便建议陈先生亲自给她写信。那年三月底亚洲学会年会在波士顿举行，夏先生主持一个专题小组，邀我提一论文。陈先生遂写一信给张爱玲正式聘请，由我带去波士顿面交。到达以后我遵她上信之嘱打电话给她。开会期间轮到我们小组讨论时她居然到场听讲，会后并与夏先生、於梨华和我同吃中饭。她写此信时我还在波士顿。

snapshots：快照。

monopoly：专利（权）。

至终晨钟未能出张爱玲选集，该也是由于版权问题。

张爱玲致庄信正

一九六九年四月十三日

Reyher

83 Brattle St. Apt. 45

Cambridge, Mass. 02138

信正，

你刚到就费神替我接洽，我实在过意不去，这一星期刚巧也是接二连三的杂事忙得不停，匆匆先把履历寄来，不确定陈先生是否跟你办公处地址一样，还是托你转交，请代装入信封。祝

好

爱玲

四月十三

注解：

她去加州大学中国研究中心任职的待遇细节和例行手续都由我就近代为洽商办理。参看下面三封信。

只要收入足以维持生活（而她的生活非常简朴），张爱玲宁愿尽量多留时间从事创作。因此她的工作算是四分之三，这样不必全天上班，也可以配合她晚睡晚起的习惯。上任后通常她下午才去办公室。

张爱玲致庄信正

一九六九年四月十四日

Reyher
83 Brattle St. Apt. 45
Cambridge, Mass. 02138

信正，

昨天寄履历来托你转交，里面记演讲，因为在中西部是漫谈的次数多，English Dept. 误作 Sociology，改了补打一页寄来，得便请再转给陈先生。麻烦个不完，真对不起。匆匆祝

好

爱玲
四月十四

注解：

里面记演讲：从下文看，似乎“记”前漏了“没”字。她寄来的履历表只列了这一年在瑞德克里夫学院的一次演讲，我替她重编时加上一九六六年在印第安那的那一次。

中西部：此处指俄亥俄州。

English Dept.：英文系。

Sociology 指社会学系。

张爱玲致庄信正

一九六九年四月十七日

Reyher

83 Brattle St. Apt. 45

Cambridge, Mass. 02138

信正，

我写 vitae 因为要查日期，耽搁了好几天，让陈先生等着，真对不起。在中西部有一次在个学生会 read a paper，拉丁文的会名与月份迄未找到。十一日寄出，第二天又还补了改正的第三页来，都是请你转交的，希望已经给寄到。今天收到你十四日的信，又叫你写信，更抱歉，匆匆先写张便条来。

爱玲

四月十七

注解：

vitae：履历（表）。她托我转给陈世骧教授。一九六九年七月初她去伯克利就职以前给陈先生的信全由我转交，他有什么事也由我写信转告她。

read a paper：念一报告，即作一演讲。她去的似为一 sorority（姐妹会）或 fraternity（兄弟会）。美国很多大学有这种学生社交团体，其名称通常用希腊字母。

张爱玲致庄信正

一九六九年四月二十二日

Reyher

83 Brattle St. Apt. 45

Cambridge, Mass. 02138

信正，

我因为知道你忙，多写几张便条都过意不去，没想到又让你费事编年表，又刚赶着你在赶期限的时候，真正抱歉。我不是忘了写在 Indiana 讲电影，是不知道八分钟的谈话也能算上。李祈女士写的 glossary 样本如果还没寄出，请告诉陈先生一声不用寄了，反正可以照着做。匆匆祝

好

爱玲

四月廿三

注解：

她自己编的履历表稀稀拉拉打了三页，而一般要求尽量浓缩，我同陈世骧先生谈过后提纲挈领编成一页。

赶期限：那时我在忙着结束中国研究中心的工作，主要是赶完最后那篇专题论文。

李祈："祈"应作"祁"（1902—1989）。她是考取英国庚款留学的第一人；入牛津大学，主修英国文学。返国后在几所大学授课。

傅斯年任台湾大学校长时邀她去该校执教。时任该校外文系教授的傅夫人俞大彩（我的业师）誉之为才女。后来美国，在夏济安先生之前担任中国研究中心这个职位，写过六本专论。她中英文俱佳，著有《李祁诗词全集》。

glossary：词语汇编。李祁女士注重收集和解释大陆报刊上常用的词语，夏先生则进一步利用他的才情和学养下笔，娓娓道来，可读性很高。记得一九六一年我在印第安那大学图书馆看到当地报纸*The Indianapolis Star*上某通讯社关于刚出的他第一本专论*Metaphor, Myth, Ritual and the People's Commune*（《隐喻、神话、仪式与人民公社》）的报道，立即写信告诉他。

张爱玲致庄信正

一九六九年五月三十日

Reyher

83 Brattle St. Apt. 45

Cambridge, Mass. 02138

信正，

我这些时一直惦记着寄两本《北地胭脂》与《半生缘》（《怨女》迄未收到）给你送人，因为没有够大的padded信封，只有一家较远的书局有，这一向忙着许多未了的事，又患感冒占掉两星期的时间，所以迄未去成。结果还是昨天收到你寄来的《半生缘》，给敝本家写了上款，也送你一本——你买的可以留着送人——另打包寄上。乘这次到邮局去，也寄书给陈先生，寄到办公处，不确定房间号码，还是请你转交。我想七月初来，知道那边房子一定难找，如果你有工夫代找，当然再好也没有。不过在你自己搬家的时候给你添麻烦，实在过意不去。我需要的是：

（一）一间房的公寓（号称一间半），有浴室，kitchenet；

（二）离office近，或者有公共汽车来回方便。地点合适，宁可多出点房钱，每天可以省不少时间。

（三）最好房子不太老，比较干净。

（四）此外都随便，家具可有可无，如有床，最好是榻床或沙发。装修、光线、嘈杂、房间太小，都完全没关系。

你看有差不多的就请代定下，寄合同来签。如果没有，也许有宿舍或是 rooming house 有 room with bath，（附近恐怕没有 residential hotel？）先住着再说。再不然夏天 sublet 的公寓，那就远点也行，不过小的少，恐怕也要马上定下。匆匆寄出这封信，因为怕错过合式的，不是等着回信，请慢慢的找着看。祝

好

爱玲

五月卅日

注解：

张先生无疑把自己所有作品都送给过陈世骧教授。陈先生死后有人在网上透露自己辗转从美国加州一家旧书店买到她签赠给他的 *The Rouge of the North*，我看了很有感触。

padded 信封：双层厚纸制成，中间夹有衬垫，用以保护邮件。

我托父母在台湾买得《半生缘》，怕她自己还未收到，寄了给她。我请她签赠著作给我一个与她同姓的朋友。

写了上款："上"后面似漏"下"字，因为她是签了名的。

kitchenet：小厨房；未必独成一间，往往只在起居室的一个角落。

office：办公室。

rooming house：寄宿舍，公寓。room with bath：有自己卫浴设备的单间寄宿舍。residential hotel：类似公寓可以长期租住的旅馆。

sublet：转租；分租。大学城暑期有教职员或学生外出旅游度假，会把自己租住的公寓暂时租给别人。从信里可以看出她心目中的理想住处近似美国所谓 efficiency 或 studio (apartment)。参看下一封信。

张爱玲致庄信正

一九六九年六月七日

Reyher

83 Brattle St. Apt. 45

Cambridge, Mass. 02138

信正，

收到《中国古典小说》书评，非常高兴，等稍微空一点的时候再细看。上次来信托你找房子，忘了说如果有离 office 实在近的，没有一间房的公寓，两间也行，因为希望节省时间。不另道谢了，也实在谢不胜谢。我大概七月一日乘飞机来，绝对不需要接，房子没找定就先住旅馆。你如果已经走了，请把房子的情形告诉一个朋友，让我打电话去问。匆匆祝

好

爱玲

六月七日

注解：

书评：我为夏志清先生 *The Classic Chinese Novel*（《中国古典小说》，一九六八年）写的英文书评，一九六九年发表在美国 *Criticism* 季刊上。此书后来由几个人分工合作译成汉文，我负责论《三国演义》的一章。

当时中国研究中心不在加大校园内，而是在伯克利市区一条大

街 Shattuck Avenue 租了两层楼。张爱玲的住处必须离办公室近，因为她不开车，而这大学城没有公共交通工具。最后我找到两处，等她到达后自己选择。一处在与 Shattuck Avenue 交叉的另一条大马路 University Avenue 旁一小街上，对面就有超市，离办公室也不远，但房子旧，四周较杂乱。另一处在 Durant Avenue，清净的住宅区，距研究中心只隔两条街，一房一厅（她所谓的“两间”），房租贵得多。顾孟馀先生夫妇住在同一栋房子（但不同楼层）；鉴于顾先生早期与汪精卫同事过，曾被视为汪系，而胡兰成于汪叛国后在伪政府做过高官，我怕有不方便处，向她提起。她说不要紧，她很少出门，难得会遇见；何况彼此素昧平生。于是选了这里，住三楼。顾先生原由陈世骧先生聘为他主持的研究项目的顾问。我开始工作时办公室在二楼，一大间，用木板屏风隔成两间，进门左边那间又有一书架，也等于把内外分开；里面靠窗放我的办公桌，亦即济安师生前所用者。右边较大的那间属于顾先生，他已很少去上班。不久我搬到三楼，顾先生形同退休，不用办公室了。顾先生夫妇和张爱玲一样深居简出，巧遇的机会绝无仅有。（顾先生夫妇至终移居台湾，七〇年代相继辞世。）

继印第安那初识和波士顿餐叙之后我同张先生见过多次。她一九六九年七月初到伯克利，我则八月才去洛杉矶。二城之间相距不远，我经常回加大；行前我会先写信告诉她，如果她愿意见面，就嘱我确定哪天到，以便她届时接电话，这样遂有机会同她聚晤几次（大都是下班时间以后，有一两次在陈世骧先生家）。有一次一位朋友从洛杉矶到湾区，我招待去加大看表演，鼓起勇气也请了张先生，她居然答应了。后来才知道真是难得的殊荣。（她一生不喜应酬，到美国以后更是离群索居，绝少与人来往。）现在回想起来，除了感激，也觉得唐突。

我最感念的是两次各长六七小时的彻夜畅谈。第一次就是这段时间承她邀约而作的拜访。（第二次见一九七四年六月二十八日张爱玲来信及注，94页。）我没有计划写访谈经过，事后也没有作笔记；隔了三十六年，印象已很模糊，记得最清楚的是她拿出一枚铜币，已经被摩成光滑的薄片，而且不再是全圆形。她说找专家鉴定过，认为是王莽时期所铸造的“布”。她要送给我，我颇为震撼，但力陈这是她的传家之宝，应当自己留着。她也没有勉强。后来见她《对照记》前言引俗语“三搬当一烧”，想到她晚年频频迁居，我非常后悔当时没有接受这件珍贵的纪念品。另外记得她注意到我很紧张，因而态度亲切和蔼，也很随和，耐心地听我信口开河。

她签赠我的英文本《秧歌》是这年七月见面时持交的香港 Dragonfly Books 一九六六年重印版。一九八八年加州大学出版社决定根据初版再度影印，托人找此书和 *The Rouge of the North* 原版，向我借用。我身边只有她签名赠送的，生怕丢失或损坏，便打电话给邝文美女士，她立即把二书航空寄来。我致电道谢时她说还有多余的拷贝，用完后不必还她了。结果那两册正好也没有退还给我。

张爱玲致庄信正

一九六九年十一月四日

Chang,

2025 Durant Av. Apt. 307

Berkeley, Calif, 94704

信正，

谢谢你又寄《明报月刊》来。毛泽东的演说记录虽然没说明来源，实在没人造得出，如闻其声。那篇讲勤工俭学生的也精彩。潘重规不好，只会沽名钓誉。吴世昌《文史》上那篇我有，在《皇冠》上讲高鹗的那篇就是根据里面的材料。正在写的那篇长文就快来不及了，很着急。没听见陈先生提起收到你的 monograph。听到 Roberta 方面的 progress，很高兴。我总觉得另一位直到最后一天还在试你。你写关于 Dickens 加上教书，一定奇忙，近感恩节来的时候，有空就请打个电话来。匆匆祝

好

爱玲

十一月四日

又，附上蜡烛钱。Rouge、Rice-sprout 过天去寄给你。

注解：

一九六九年初张爱玲由波士顿到伯克利，开始在加大工作，也开始了她在加州生活的二十六年，直到去世。此信发信地址就是她

Durant Avenue 的公寓。

她到任以后，我见到有关大陆的资料会寄给她参考。其时所谓“无产阶级文化大革命”正在如火如荼地疯狂地进行着。

张爱玲从一九六八年着手准备撰写关于《红楼梦》的论文。一九六九年一月二十三日来信曾提到“我趁这时候借书方便，写几篇红楼梦考证”。我在印第安那大学的博士论文题材就是谈这部伟大的经典的，接到这封信不消说非常兴奋，从此随时为她注意可用的文献。其前潘重规从狭义的意识形态角度出发说《红楼梦》是“民族血泪铸成”云云，并同胡适打过笔仗。我寄给张先生的《明报月刊》是这年第九期，其中有潘《冷月葬花魂与西青散记》一文。《红楼梦魇》引用过潘的《〈红楼梦〉脂批中的注释》一书，见《二详红楼梦》章及注六。

吴世昌是有名的红学专家，原在英国教书，著有英文 *On the Red Chamber Dream: A Critical Study of Two Annotated Manuscripts of the XVIIth Century*（《红楼梦探源》，英国牛津大学出版社，一九六一年）和中文《红楼梦探源外编》（上海古籍出版社，一九八〇年）等。这里所说她在《皇冠》上讲高鹗的那篇指《红楼梦未完》，吴世昌的那篇指《从高鹗生平论其作品思想》（《文史》第四辑，一九五六年），后收入《红楼梦探源外编》。张在《红楼梦魇》对吴也有贬词。例如吴从高鹗的一句诗推断他早先曾续写过后四十回，年老时“只能做些重订的功夫”。张认为“这样解释近似穿凿”。（见《红楼梦未完》。）

“正在写的那篇长文”指《红楼梦插曲之一——高鹗、袭人与畹君》，一九七〇年发表，也收入《红楼梦魇》。长仅十页，是书中最短的一篇。

monograph：指我在加大最后那篇论文，于此前不久寄给陈世骧教授。显然我给她的上封信里提到过。参看她一九六九年一月二十三日来信及注（30页）。

我在洛杉矶新认识的一个朋友叫Roberta。

progress：进展。我视张先生为导师，无论什么事都会告诉她。她也不嫌我唠叨，认真地提出意见。有一次我提到一个女子不应该在男朋友面前对另一男子太表示亲热，张先生说如果只是platonic（她的措辞：精神上的）就不必计较。

加州大学洛杉矶校区的狄更斯专家尼斯比特（Ada Nisbet）教授在编一本*An International Guide to the Study of Dickens*（《国际狄更斯研究要览》），预定一九七四年由哈佛大学出版，经夏志清先生推介，邀我写*Dickens in China*（《狄更斯在中国》）；但因撰稿者多，拖延很久未能收齐稿件。一九七四年底我转往联合国工作；一九七七年文化大革命结束，言论逐步放宽，材料越来越多，我业余没有时间兼顾，便退了出来。稿子至今还在匣中，早已成为明日黄花矣。据我所知，该书始终没有出版，而尼斯比特几年前已经去世。

蜡烛钱：张爱玲是标准的夜猫子，整晚不睡觉的。怕断电，要我替她买些蜡烛备用。

她送我的*The Rouge of the North*所签日期是一九六九年一月，*The Rice-Sprout Song*是一九六九年。此信末尾“又及”中说的是她身边多余的拷贝。有好几年我手头有很多她送的这种书，渐渐都转送别人了。

张爱玲致庄信正

一九七〇年三月十八日

Reyher

Berkeley, Calif. 94704

信正，

我昨天忘了说，收到你妹妹同事的名字请写张明信片来，省得打电话的工夫——实在是忙，你也忙。祝

好

爱玲

十八日

注解：

此前三个半月似乎没有接到她来信；从这信看来头一天我打过电话给她（当时还不知道她通常不接电话）。那时候我妹妹信美在台北南港国中教书，一九七〇年暑期我认识她的同事杨荣华，遂请张先生签赠这位“张迷”一两本书。她身边没有，我买了《流言》和《半生缘》寄给她，她“寄还”给我转交。签的日期都是一九七〇年九月。（参看一九七〇年九月十九日张爱玲来信，59页。）这两本书也都保存到现在。一九七一年七月一日我和荣华在台北结婚。

张爱玲致庄信正

一九七〇年六月一日

Chang

Berkeley, Calif. 94704

信正，

两封信都收到，很高兴你下月准定回台湾。“二张”当然等以后如果有空再写，根本没有时间性。我正忙着写小册子，不打电话了。你那篇看了，觉得是关于《燕山夜话》的 definitive article。周汝昌的《曹雪芹》如还在手边，就请寄来借给我看。如不在，就等以后再说，千万不要在现在正忙的时候再写信告诉我，使我不安。不是等着看，不过偶然想起。我也始终还没空找出《半生缘》，已经写了封短信告诉你妹妹的同事以后再寄去。等有了好消息，请来张便条。暑假时间不多，加上你父母与你久别，可以想像多么忙，回来再写也是一样。祝

最好的运气

爱玲

六月一日

又，见到志清与他太太请代问候

注释：

“二张”：当时我有意写篇长文兼论张爱玲和张恨水。这里顺便一提，从一九四九年直到一九七七年“文革”结束以后大陆上始终

有很多人把张爱玲贬为鸳鸯蝴蝶派，连魏绍昌这样的资深学者也不能免俗。在其《鸳鸯蝴蝶派研究资料》首先误称“她是香港同胞”，她所处理的不外是“富于传奇性的题材”；继则误贬《传奇》不过是“作者在那个时候接触到一些女子的恋爱、婚姻的错综、复杂”之后写出的“凄哀的”故事。严格说来，张恨水都不应划为鸳蝴派。参看后面80页一九七三年八月十六日张爱玲来信及注。（按：一九九三年魏绍昌来美国访问，曾要求见张爱玲，未果。）

小册子：指她为中国研究中心写的monograph。见她一九七一年三月一日（63页）、五月七日（66页）和一九七二年五月二十六日（74页）来信。

definitive article：最权威性文章。（溢美、勉励之词。）参看她一九六九年一月二十三日来信及注（30页）。

周汝昌：著名红学专家，其代表作《红楼梦新证》数十年间流传很广，影响很大。《曹雪芹》于一九六四年问世，一九七〇年我向香港订购。参看下一封信及注。

据荣华追忆，她收到过张先生两次短简。一是此信所说的；一是收到书后写信道谢时顺便问张先生对新诗的看法（因为她有几个同学在写诗），她竟回了信，说自己仍然比较喜欢旧诗。可惜荣华从台湾大搬家来美国时忙乱中未能随身携带，二信已经散佚。参看一九七〇年九月十九日张爱玲来信（59页）。

一九七〇年夏志清先生趁sabbatical（美国大学每七年一次的公休假）的机会和夫人王洞去远东住了一年。返纽约途中在洛杉矶停留两天，张先生嘱我代为问候。

张爱玲致庄信正

一九七〇年六月十八日

Chang

Berkeley, Calif. 94704

信正，

书与杂志都收到，非常喜欢。赵冈夫妇的《红楼梦新探》已经订购，《纯文学》上也许是一部份，来不及的一口气看完。想起一件事忘了问你：我付税把去年买的戚本红楼梦算进去，已经通过，所以想再买个影印本。去年香港 Universal Bookstore 说影印本全都卖光了。不知道你的甲戌本是在哪里买的，大约多少钱，请得便写个小纸条装入附上信封内寄来，比较省事，不然动身前忙乱中又要抽出时间写信。匆匆祝

好

爱玲

六月十八

注释：

她收到的书即周汝昌的《曹雪芹》；“杂志”指林海音先生所办的《纯文学》。

张爱玲在《红楼梦魇》中多次引用周的论点——主要是《红楼梦新证》。她在《五详红楼梦》一章谈的就是根据《新证》增订本而整理归纳出的十种“旧时真本”。但她对周的看法大都不能同意。例

如周认为第十三回回目“因麒麟伏白虎双星”是在预示贾宝玉与史湘云终成眷属；他引了该回脂评的回前总批，断定“是说黛玉只当关切金玉，无庸再管麒麟的事”。张爱玲直言“这当然是强辞夺理。黛玉怎么会不关心宝玉将来的终身伴侣是谁”。她相信这个回目预示的是卫若兰而非贾宝玉。（这个看法很有见地；较年轻的红学家蔡义江也坚持此说，认为“白首双星”隐射的是湘云和卫若兰。）此外，周引了曹雪芹舅公李煦家被抄以后总管内务府所呈的一道奏折，其中有“计仆人二百十七名，均交崇文门监督五十一等变价”句；张说周把“五十一”当成满人名字的音译是错的，应该理解为“分五十一个等级定价变卖”。二〇〇五年周在谈张与《红楼梦》的专著《定是红楼梦里人》提到这点，未敢回驳。起初我也认为张是对的。后来我翻检过多种资料——包括《李煦奏折》《关于江宁织造曹家档案史料》《雍正御批》和多卷本《清代人物志传略》，发现满人有用数字命名的风俗；例如生时祖父年七十一岁，便叫“七十一”。满人八大姓之一喜塔喇有兄弟六人连续以数字为名者；其一叫“七十一”。以数字为名者在所多有，如五十、八十、八十五等。肖奭所著关于康熙、雍正两朝史实的《永宪录》卷四提到塞思黑（雍正之弟允禟）的岳父名字叫“七十”，死后因允禟被定叛逆罪而也“照大逆罪戮尸扬灰”。书中有这么一句：“七十二年发遣右卫，九月死。”如果不看前后文，句读会像是（第）“七十二年”，实则“七十”是人名，“二年”指雍正二年。（七十是雍正登基前实力派皇亲国戚。《东华录》卷二十五引雍正元年的御旨，咬牙切齿地斥他结党营私，“朋比为奸，摇惑人心，扰乱国政”；卷二十八又引雍正四年御旨，说阿其那、塞思黑等与七十“等乱臣结党往来”，作奸为恶。那年五月诏命开棺戮十七尸。）陈康祺《郎潜纪闻》初笔卷七“西域闻见录”条说该书为乾隆时“满洲七十一撰”。所以周未必错。而且会分这么多等级似乎不大可能。

赵冈在美国教授经济学，但与太太陈钟毅都是红学专家。此信所说他俩在《纯文学》上发表的论文是这年七月由文星杂志社印行的《红楼梦新探》的一部分。

戚本红楼梦：通常泛指书前有戚蓼生的序文的四种《石头记》手抄本；这里则专指一九一一年至一九一二年上海有正书局石印本及其后的各种影印本。戚本现存八十回。我手边有一九八八年北京古籍刊行社影印本，共八册。

甲戌本：应作“甲戌本”。见下一封信及注。

Universal Bookstore：不知是否指当年大陆向国外销售书刊的“国际书店”香港分店。

美国每年四月报所得税，收入微薄的张先生视为大事，亲自填报，而且精打细算。她最初提到时我完全意外，佩服她有此本领。皇天不负苦心人，她把上一年买的书算进去，居然使奉公守法的普通老百姓谈虎色变的联邦税捐稽征处也动了同情心了。（美国富人雇大律师保镖，往往一毛钱都不交。）

她随信附了写好自己地址的信封，以便让我告诉她影印甲戌抄本《红楼梦》购买的地方和价格时省点麻烦。她在谈话和书信里不止一次说自己偶尔不近人情，我倒常常觉得她富有人情味。

张爱玲致庄信正

一九七〇年六月二十四日

Chang

Berkeley, Calif. 94704

信正，

甲戊本我目前不需要用，图书馆借也很方便。去年是想买甲辰本——各地图书馆都没有——香港的书店说影印本都是一出来就销完了。虽然希望很小，我预备一两个月内再写封信去托他们打听庚辰、甲戌本、百廿回《红楼梦稿》，所以乘你动身前问你的甲戊本是哪里买的，万一另有门路，没想到你是十年前预约的。请绝对不要到书店去找——根本不会有——你已经时间不够，我正希望陈先生陈太太同时去台不会再占掉你一些时间，我自己倒更坏，那未免太岂有此理了。以后请代留意就是。我没有东西要买。匆匆祝

顺风

爱玲

六月廿四

注解：

甲戌本：张先生在上信提到一次，此信提到三次，四次中有三次把“戌”写作“戊”；只有此信第二次在中间加了一点。

一九六一年胡适把他一九二七年在上海购得的刘铨福旧藏《乾隆甲戌脂砚斋重评石头记》交由台北的中央印制厂影印刊行。我

请父母替我预约了两部；一部送人，自己留下一部。从胡适开始红学家们几乎全都认为这是现存最早的手抄本（甲戌为乾隆十九年，一七五四年），尽管只有残文十六回，却极具参考价值。胡适只印了一千五百部，当然流传不广；继有其他影印本陆续问世，坊间和大学图书馆不难找到。现在连平装本也有了。

甲辰本：指乾隆四十九年（甲辰，一七八四年）有梦觉主人序文的八十回抄本《红楼梦》，简称"甲辰本"，另称"梦觉本"。研究者认为是脂评本与程（伟元）高（鹗）本中间的过渡性抄本。一九五三年在山西发现。相当完整，只缺第八十回最后一页。当前至少已有两种影印本。

庚辰本：全名《脂砚斋重评石头记》，书中有"庚辰秋月定本"字眼，故简称"庚辰本"（庚辰指乾隆二十五年，一七六〇年）。现存七十八回（第十七、十八两回合为一回），是《红楼梦》另一重要抄本。台湾先后有文渊出版社一九五九年和广文书局一九七七年两种影印本，大陆有文学古籍刊行社和人民文学出版社等影印本。

《红楼梦魇》第四篇《二详红楼梦》谈"甲戌本与庚辰本的年份"。张盛赞庚辰本，认为"庚本不但是唯一的另一个最可靠的脂本，又不像甲戌本是个残本，材料丰富得多。"

百廿回《红楼梦稿》：即《乾隆抄本百二十回红楼梦稿》，一般简称"全抄本"，"梦稿本"或"杨藏本"（杨指杨继振）。一九五九年在北京发现。张爱玲在《红楼梦魇》第一篇《红楼梦未完》提到她一九六八年至一九六九年间在哈佛大学图书馆见过一影印本。一九七七年台北广文书局也出过影印本。大陆中华书局一九六三年按原大小影印过，该即张所用者。她极看重这个版本，尝云："我无论讨论什么，都常常要引《乾隆抄本百廿回红楼梦稿本》（以下简称全抄本），认为全抄本比他本早。”（其他红学家大都相信最早的手抄本依次为甲戌、己卯和庚辰。）《国语本〈海上花〉译后记》甚至说“百廿回《红楼》对小说的影响大到无法估计”。《红楼梦魇》第三篇《初详红楼梦》详细讨论的就是此本。但是她只管前八十回，后四十回她跟绝大多数研究者一样贬得很低。《红楼梦魇》首篇开端引俗语所谓人生三大恨事，说她自己的第三恨事是“红楼梦未完”。《忆胡适之》一文提到她初读时到了第八十一回“四美钓鱼”一节，“忽然天日无光，百样无味起来”。《谈跳舞》具体指出高鹗写的收场“不能说他不合理，可是理到情不到，里面的情感仅仅是 sentiments，不像真的”。

二〇〇六年上海古籍书店重印这个版本；线装，十二册，有护盒。受了她的影响，二〇〇七年春我在上海经陈子善兄介绍以优惠价买了一部，是胡适所印甲戌本以外我拥有的唯一线装《红楼梦》手抄本。

一九七〇年陈世骧先生夫妇去台湾过暑假，与我返家省亲同时。

张爱玲致庄信正

一九七〇年九月十九日

Chang

Berkeley, Calif. 94704

信正，

回来一切都好？我等忙完这阵子再写信，先寄还这两本书，请转交杨小姐。我迄未来得及找书，自己需要用的东西也先将就着没找出来。上次写信去是因为要耽搁些时。也没忘了要找本《半生缘》给你，好在是不急之务。代打听红楼梦抄本，真感谢。

爱玲

九月十九

注解：

我请她签赠自己的著作给荣华；看来她身边没有，我买了《流言》和《半生缘》寄请她签名，她寄还给我转交（签名日期是一九七〇年九月），附了这张便条。这两本书也都保存到现在。

张爱玲致庄信正

一九七〇年十月三十一日

Chang

Berkeley, Calif. 94704

信正，

上次匆忙中寄书，寄出后才想起忘了问你感冒好了没有。迄未忙完，情形等稍空再告诉你听。在图书馆借过一本讲甘尼地车祸的书，像好侦探小说，又可靠，也许你没看过，订了本寄给你。千万不要特为回信，过天有事再谈。

张

卅一日

注解：

明信片。因空间不够，下款只签了“张”；后面未写月份，邮戳是一九七〇年十一月一日。

甘尼地：指美国参议员 Edward Kennedy（或译肯尼迪，甘乃迪）。在两个哥哥——第三十五任总统 John 和参议员 Robert ——相继被刺死后很有希望当选总统。一九六九年七月十八日夜里他在马萨诸塞州 Chappaquiddick 岛一条河的桥上醉酒驾车失事，自己泅水逃生，同车的女助理却困在里面淹死。次日消息传出，人们发现如果他及时报警，她很有可能救活。舆论大哗，尤其右派分子群起而攻。这封信里所说的书名叫 *A Bridge at Chappaquiddick*。另外张先生推荐过一本书，叫 *Teddy Bared*。Teddy 是 Edward 的昵称，bared 发音近似 bear；teddy bear 是美国很普遍的小孩玩具“泰迪熊”。书名一语双关（兼诋甘尼地原形毕露），内容多为恶意地揭发和攻击。我去买来，薄薄一小册，封面花哨惹眼；但看不下去，丢掉了。参看后面一九七一年五月七日（66 页）和一九七四年六月十一日（89 页）她两封来信及注。

同许多名作家（如英国诗人 W. H. Auden 和美国学者 Jacques Barzun）一样，张爱玲往往读侦探小说作为消遣。

张爱玲致庄信正

一九七〇年十二月二十一日（邮戳）

Chang

Berkeley, Calif. 94704

信正，

这一向好？我这两个月接连的患感冒，今天刚好些，等忙完了这阵子再细谈。赵冈的书香港书店大约不久会寄给我。杨小姐不知道你觉得怎么样？夏天再回去一趟？祝

明年转运

爱玲

注解：

贺年片。未署任何日期，但邮戳很清楚，并可看出是在旧金山付邮的。

赵冈的书：指《红楼梦新探》。见她一九七〇年六月十八日来信及注（53页）。

张爱玲致庄信正

一九七一年三月一日

Chang

Berkeley, Calif. 94704

信正，

这次地震，先没看见地图，不知道 Santa Monica 有没有受影响，至少早上六点，你不在公路上或是洛杉矶。直到《少年中国》上刊出所有的中国学人与学生都没受伤，才完全放心。电话上听你说差点已经回去结婚，大概不是又有波折？希望这一向心境好些。杨小姐想必好？我那篇东西直到上星期三才赶完，是讲文革已经在去年十月一日结束，因为措辞隐晦，竟没人知道，要从这一两年来的 semantics 一路看下来才知道，骤然说了谁也不会相信，所以我没用大纲开始介绍题材，免得使人一看先不相信，而一步步引入。结果看了都不知所云，所以还是前面加大纲，最后加结论，中间也全部整理过。但是许多复杂的理论都需要举出证据，在大纲里说得笼统点就又不懂，不信，要全部摆在桌上，使人一目了然，实在是麻烦，所以耽搁这么久，而且不能不随时搁下，才有 perspective，看出不妥的地方。不然即使有人可商量，三天三夜也解释不了这么许多，只能自己 edit。——跟你当面讲也讲不清楚，只好写信。——材料去年四五月大致都出现了，不过到十月才 conclusive。照理应当分两篇写，但是前一篇证据不足，又不是专家，无法取信于人，也没机会找补，陈先生一定会坚持下一篇专写名词。这次本来没坚持，直到听到坏评，才主张改写名词，把红卫兵报上的照元曲的名词一样解释，供中文科学生参考，说他们常看报而不大知道中共的事。这我完全闻所未闻，也不知道他们的程度。如果不写我认为好的材料，倒去无中生有，太勉强了也写不好。去年是 Johnson 大概因为听见我说过几句关于中共的话，自动跟陈先生说留下我，陈先生告诉我。但是我看他们这些专家是不跟人谈这些的，要你自己写的东西被接受。反正我都是为自己与自己的兴趣，尽到力就是了。不解释，你不知道我为什么小题大做，make such a project of it。下次有空来，还是请先写张字条给我，只要说大概也许哪天来，那几天我就听电话，到 Berkeley 后打个电话来。电报无法投递。定购赵冈的书迄未收到，恐怕是房东有一个时期简化信箱上名字，寄丢了或者退回。等有便的时候，还是请借给我看，不忙。上次借给我的，等这两天找出我的书来，一并寄给你。匆匆祝

好

爱玲

三月一日

又，去年陈先生就再三说这事是给他的朋友做的，又说 Nora 夫妇是他的好朋友，表示我不够朋友。

注解：

一九七一年二月九日洛杉矶发生大地震，早上六时许我睡梦中在市郊 Santa Monica 公寓中被震醒。

《少年中国》：指《少年中国晨报》，加州的一份华文报纸。从她给我的信中时时可以感觉到张先生富有她那一代人的这种亲切周到。

那篇东西：指加大中国研究中心她负责写的专题论文。

Johnson：指查默斯·约翰逊（Chalmers Johnson）。加州大学政治系教授；一九六七年至一九七二年任加大中国研究中心主任。从下面三封信看来，他当时参与专谈亚洲的期刊 *Asian Survey* 的编务，向张爱玲约稿。他原先是右派，自称"老冷战分子"，长期担任美国中央情报局顾问。及至苏联解体，美国反而变本加厉进行军事扩张，他看出目的是要统治全球经济，从此开始转变，由右向左。著作中屡屡对美国的帝国主义行径痛下针砭。二〇一〇年十一月二十七日去世后《纽约时报》有长篇讣闻，引了克林顿执政期间一位副助理国务卿的话，说约翰逊的代表作之一 *The Sorrows of the Empire* 旨在警告人们美国已经进入永久战争状态，威胁到国家的基本价值观念和宪法规定的种种自由（"conveys a sense of impending doom rooted in a belief that the United States has entered a perpetual state of war that will drain our economy and destroy our constitutional freedoms... a cry from the heart of an intelligent person who fears that the basic values of our republic are in danger"）。张爱玲写此信时他的立场还没有转变。

"文革已于去年十月一日结束"："文化大革命"一般定期为一九六六年到一九七六年（所谓"十年浩劫"），但有的学者认为早在一九六九年或一九七〇年就已经结束。

semantics：语义学。

perspective：远景，比较超然的审视角度。

conclusive：有结局，有定论。

make such a project of it：与前面所说"小题大做"同义。

"上次借给我的"指周汝昌的《曹雪芹》。见一九七〇年六月十八日张爱玲来信及注（53页）。

张爱玲致庄信正

一九七一年五月七日

Chang

Berkeley, Calif. 94704

信正，

上次寄还几本书，想附封信都没时间，只好等暂告一段落的时候再写。我并不是一定要摳篇文章给陈先生。如果收回，剩下附录的几页名词，两年工夫才这么点？至少他不要是他的事，上月他来信通知我六月底结束这里的工作。名词本来是照李奇的字典式，现在我同意去重新查来源，像大海捞针一样，加上来源与上下文也不会超过十页，总不能随便编造。不是我想写杰作，用心写的还通不过，妈妈虎虎写的通不过，岂不更要怪自己？讲下放的那篇，Jack Service 看了以后，建议我全部接受。他接着就说："其实你不是一定要给 Asian Survey 一篇文章。You can forget about it." 我说"我不是特为给他们写的，是本来对这材料有兴趣。"他说："You're incongenial for the work. You can use the material for fiction." 我问他这篇东西什么地方没根据（三十几页倒有一百多个注），不合逻辑，与事实不符。他想了想，指出漏掉某一点，我马上翻出这一段给他看。他有点不好意思的笑着说："Maybe I better read it again." 最后他迟疑的咕哝了一声："那么就重打一份，送到编辑部看他们怎么说。"我说我先拿回去添改。他这态度，大概是 Nora 临走对他说了坏话，说我不要他改。你说的 Ctr. 另出的小册子，都是他经手，根本不必提。这些话我都懒得说，因为当然是怪我不会应付，不过并没有一味固执或是怠工。一冬天老是感冒，到春假又连发两星期，起因当然也是 psychosomatic。你这样热心帮忙，结果带累你听陈先生这些话，我实在心里过不去，永远无法表达。陈家请客我没去只有一次，是真的病着。后来陈先生生日，Nora 说在她家吃了饭就要赶时间去听演讲。我没去，去了怕她以后随时从 office 跑到我这里。说吃了饭要赶时间去听演讲。我没去，结果饭后没听演讲，仍旧许多人回陈家，怪我没再打电话去打听。你这向好？杨小姐好？你的恩师一定替你高兴。上次电话上是不是说学校里有不愉快的事？月内可以回台湾，还是要等下月？学期末想必特别忙，请不要写信，秋天再谈。我代订的那本 paperback 最近退还钱，大概销光了。我不过因为它用开车解释疑案，你或者有兴趣。《红楼梦新探》另包寄还。

爱玲

五月七日

注解：

上月他来信通知我六月底结束这里的工作："他"指陈世骧先生。这年四月一日夏志清先生给我的信里已经告诉我"据世骧言，爱玲将解聘，不知如何再帮她的忙"。这封信提到上月陈先生公事公办，以书面方式通知她被解聘，算是不欢而散。直接的原因是对她提出的专题论文不满意。然而根据"后见之明"（hindsight），也该是二人间性格上的根本差异。张爱玲从小羞涩腼腆，近乎孤僻；十九岁时写的《天才梦》强调自己"怕见客，……在现实的社会里，我等于一个废物。……在待人接物的常识方面，我显露惊人的愚笨。……

在没有人与人交接的场合，我充满了生命的欢悦”；《公寓生活记趣》赞公寓“是最合理想的逃世的地方”。（每次重读这些句子和她一九七三年八月十六日给我的信所说的“我看似不近人情的地方希望能谅解”，不免就会联想到她后半生的遭遇，而兴起伤感。）另一方面，陈先生一生爱交朋友，晚年更是越来越怕独处。张爱玲同他之间似乎起初便尽可能避免来往，给他的信托我转交。陈先生和夫人梁美真膝下无子而都好客，家里聚会很多，在张之前济安师和我都曾经是座上常客。然而从小就怕应酬的张爱玲当然视为畏途。有一次见面时告诉我不久前去陈府，陈先生指着在座的几个客人说大家就像个大家庭，她回说她最怕大家庭。她大约也已经警觉陈家聚会太多——夏志清先生和我该都向她提过，何况这是很多人知道的事。陈先生对她的性格并不熟悉，导致误会几乎是难免的。她在加大工作了两年。

她就职之初二人的交谊却无疑有过一段“蜜月期”，不止一次畅谈文学。一九八三年她写的《国语本〈海上花〉译后记》开头说：

> 陈世骧教授有一次对我说：“中国文学的好处在诗，不在小说。”有人认为陈先生不够重视现代中国文学。其实我们的过去这样悠长杰出，大可不必为了最近几十年来的这点成就斤斤较量。反正他是指传统的诗与小说，大概没有疑义。
>
> 当然他是对的。

这段话似乎是在怀念陈先生的情绪中下笔的，因而连她尊为“一切的泉源”的《红楼梦》都存而不论了。

李奇：应作“李祁”。参看一九六九年四月二十二日张爱玲来信及注（40页）。

Jack Service：即 John S. Service，中文名谢伟思；友人称他 Jack。生于四川，中文能说能读，是著名的“中国通”。抗战时期任职美国驻华大使馆，所写的报告和建议对共产党持较为客观的态度，开罪国民党。继则成为史迪威的幕僚；史当时是盟军中印缅战区美国陆军司令兼总司令蒋介石的参谋长，与蒋始终不合。谢伟思受到波及，被调返国。一九五〇年代共和党参议员麦卡锡（Joseph McCarthy）哗众取宠，煽动清查“亲共”人士，谢伟思是主要受害者之一，有几年失业。一九六〇年代加大中国研究中心聘他为图书馆长。由于他的语言和事业背景，兼为中心出版物的编辑，济安师、我和张先生的专论都由他负责。

一九七〇年她的 monograph 交出以后陈先生告诉我没有像夏济安先生和我那样遵循一般学术论文的成规，而是简短的片段，因此无法出版。有一次我回伯克利，谢伟思把稿子拿给我看，我也愣了，因为确是类似笔记，长度也不够。（一九七三年二月十六日夏志清先生给我的信里说：“她在加大写的论文，我也无法欣赏，无处发表，对她一定是个大打击。希望劝劝她，多写小说，把《海上花》译完，不要灰心。”）我见到她的稿子后也已经以晚辈身份向她婉转地表示了自己的看法，但我当然站在她这一边，尽量安慰她，提醒她文学创作才是她的当务之急。其实终其一生，张爱玲以写作为唯一的志业，此外如日常生活、健康、收入等等全放在后面。她使我想起福克纳在一次谈话录中说过他希望死后自己的墓志铭会是“He did the books and he died.”（他写了书然后死了。）

讲下放的那篇：她在加大该是写过两篇专论，此为其一；这里说谢伟思给了她一些建议，她全部接受。另一篇谈的是林彪，至终都没有出版。参看下信及注。

You can forget about it：你不用管了，就这样算了。

You're incongenial for the work. You can use the material for fiction：你不适合这种工作。你可以用这些材料写小说。

Maybe I better read it again.：也许我应该再看一遍。

谢伟思很有他那一代中国人彬彬有礼而又坦率的风度，从这段记述可以看出二人交换意见时谈得不投机；他起初直言不讳，但张爱玲据理力争，他可能意识到话说得太过分，便改了口。incongenial 应作 uncongenial，该是笔误。

Ctr.：Center 的缩写，即加大中国研究中心。

psychosomatic：身心失调；因心理或情绪反常而导致身体不适。

恩师：即福尔斯特教授。

学校里有不愉快的事：我去南加州大学不久便发现人事关系复杂，常常不堪其扰。

她说的代我订的 paperback（平装书）即 *The Bridge at Chappaquiddick*。见一九七〇年十月三十一日（60 页）、一九七四年六月十一日（89 页）张爱玲来信及注。

这年五月二十三日——即她写信后十六天——陈世骧先生心脏病发不治，享年五十九岁。陈先生出身书香门第，一九三五年毕业于北京大学，次年与阿克顿（Harold Acton）合译的 *Modern Chinese Poetry*（《中国现代诗歌》）在伦敦出版，是介绍中国新诗的第一本英文书，当时他才二十二三岁。阿克顿是英国作家，唯美主义者。

一九三〇年代在北京住过几年，与陈先生结识。他出过几本关于中国戏剧和诗歌的书，一九五〇年前后二人又合作译过《桃花扇》(*The Peach Blossom*)，因陈暴卒而止；一九七六年由白芝（Cyril Birch）编译出版。

陈先生一九四一年来美国，先后在哈佛和哥伦比亚等大学讲授中国文学。一九四三年与当时的妻子姚锦新合作编译的 *The Flower Drum and Other Chinese Songs*（《花鼓歌及其他中国歌曲》）问世（赛珍珠写了前言）。一九四五年去加州大学，直到去世。一九四八年北京大学印行了他英译的陆机《文赋》(*Essays on Literature*)。其后没有再出书。一九六〇年代主持中国研究中心的这个计划。他非常爱才，这从他延聘过顾孟馀、李祁、夏济安和张爱玲四人可以看出。

陈先生在加大执教二十六年，又长期兼任行政工作，因此死后举行了盛大的追悼会。那天上午我看到张爱玲前往参加，提前离开。其时在场者多得从屋里挤到屋外；她来去匆匆，我作为陈先生的晚辈和旧属，帮忙布置和招待，遂未来得及同她打招呼。但至今记得她的落寞的形容。

接到这封信我立即把赵冈、陈钟毅的《红楼梦新探》寄给她。她用完后寄还给我，现在还在身边。

张爱玲致庄信正

一九七二年四月十五日

Chang

Berkeley, Calif. 94704

信正，

上次收到贺年片，看见你的附笔，知道我信上没说清楚。我在 ctr. 写的文章，去职后当然没有再给他们的义务。但是是我喜欢的东西，既然有现成的材料在这里，自然要写完它。以前我说一直对这材料有兴趣，并不是因为想做这事，才那么说。我从 Johnson 的作品上认为他是美国这些中共问题专家里较踏实的一个，他答应替我用心看，要发表总给他们优先权，这一类的论文的出路也少。那篇长的赶了一冬天，直到这两天才完，时间省无可省，一直想写信向你解释，也只好先搁着。另外我讲我照陈先生想的办法 pad the glossary，结果他们也不采用，是说这办法行不通，不是我不肯照办。这时候再提这话，显得小器，不说又实在没人知道。你凭空牵涉在内受了好些委屈，我至少总要把这些经过交代一声，你心里有数就是，也用不着 comment。中国时报我答应写的一篇散文不会赖掉，“代序”太牵强作罢，当另信告诉水晶。也是因为时间扣不准，所以请他们不要为这事写信来催，不然我没办法，没工夫回信，更对不起人。他们寄了本书来，也搁了一两个月才开拆。万一以后他们对你提起那篇文章，就请转告，说不用提醒我，不会忘了。讲到《怨女》的那一期《纯文学》已经

寄来。荣华想必已经来了些时。匆匆祝

俩人都好

爱玲

四月十五

注解：

ctr.：即上信所提到的 Ctr.，C 该大写。

pad the glossary：把词语汇编加以增补扩充。

comment：提出评论。

《中国时报》“人间”版托我向她拉稿，每过些时候会要我提醒她。一九七四年她写了《谈看书》和《谈看书后记》两篇长文交该刊发表。(后收入《张看》。)

“代序”指水晶请她为他文集《张爱玲的小说艺术》写的序。水晶为该书所写的《跋》里曾提到这件事。

原函近结尾在“才开拆。”的后面涂掉一行；在“不会忘了。”的后面涂掉近半行，是她八十多封来信中绝无仅有的现象。

我和杨荣华于上年七月十日在台北结婚。她二月由台北到洛杉矶。

张爱玲致庄信正

一九七二年五月二十六日

Chang
Berkeley, Calif. 94704

信正，

你贺年片上与上次信上写的完全一样，怎么会有什么粗鲁的话，我会介意起来？我找 Johnson 看那两篇东西，不过请他 read it，没说指点。他说替我用心看，是因为别人都告诉他看不懂；如果不印，也决不会费事批评。此外只有一个 <u>China Quarterly</u> 可投，一百多页的论文也嫌太长。这些时一直接连不断的感冒，每次都是天一暖和马上好了。搬到三藩市一定更坏，考虑了很久想搬到 Phoenix，当然这不像搬到三藩市简单，因为老是感冒耽搁了下来。在家里工作倒还可以，不过好的时候太少，总是乘那几天赶得昏天黑地。志清这次来我也只好错过了，不然说着话也心里着急。我当然记得荣华要我在书上签名，还来过信，以后相信一定能见到她。看你信上，觉得非常理想，实在替你庆幸。你们那里正是忙季，暑假还要授课，请千万不要再在百忙中特地回信。——又还要费心译书评，真不过意。《中国时报》寄了两本书给我，已经写短信去道谢，顺便说明那篇散文等以后有工夫写了会寄去。匆匆祝你们俩都好

爱玲
五月廿六

注解：

从前面三封信可以看出，为了张先生提交中国研究中心的那篇专题论文的事，我夹在她和陈先生这两位前辈之间颇觉为难，此信第一句显示我感受到压力而在给她的年卡上吐过苦水，随即向她道歉。

China Quarterly：英国一份专谈中国的季刊，剑桥大学出版，一九六〇年创刊。

加州大学的工作既然结束，她不必在伯克利住下去。湾区较凉，她又容易感冒，想迁居暖和的地方，考虑亚利桑那州凤凰城(Phoenix)。

这年六月夏志清先生去斯坦福大学参加一个讨论大陆问题的会，那时她显然精神极坏，更是不愿见人，因而未同夏先生聚晤。

译书评：指我为夏先生英文著作 *A History of Modern Chinese Fiction* 所译的第七章（老舍）。该书中文译名《中国现代小说史》，一九七九年出版。其中第十五章乃济安师的译笔，原刊《文学杂志》，四十多页，是该书作家专论最长的一章。张爱玲通常称一般文学论文为“书评”。

“那篇散文”即《谈看书》，见上信和她一九七四年五月十三日来信及注（84 页）。

张爱玲致庄信正

一九七二年十二月二十日（邮戳）

Chang

1825 N. Kingsley Drive, Apt. 305

Hollywood, CA 90027

荣华，

信正，

这两天好？我刚赶上寒流，感冒又发过。Sharp TV 已经在 Fedco 买了，真又便宜又好。丢了的那只，航空公司在办赔钱手续。我的电话是 464-8582。匆匆祝

新禧

爱玲

注解：

从上封信到这年卡相隔七个月，其间她决定不去凤凰城而到洛杉矶，托我代觅住处，准备秋天搬家。这段时候通过电话，但仿佛没有来信。

这次为她找公寓，我想到一个最合她理想的地方，在好莱坞区与日落大道（Sunset Boulevard）交叉的一条小街 Kinsley Avenue 内，交通很方便；前面一九六九年十一月四日来信（47 页）她提到的 Roberta 在那里住过，有宽敞干净的单间 studio。立即去问，却没有空房。对面另有一栋大房子，看来是当年比较考究的公寓，但已相

当旧，房租比较便宜。又去别处看了几家，没有更合适的，只好选定这里。张先生到达后暂宿旅馆一夜，次日我和荣华帮她搬进。和在伯克利一样，也住三楼。此信开始使用这个地址，直到一九八三年下半年；其后就是十二年的飘流的余生。

Sharp TV：“夏普”牌电视机，日本制。那时我们在用这个牌子，向她推荐。她日常生活离不开电视机，而从旧金山飞洛杉矶时托运的那架被航空公司丢失。

Fedco：洛杉矶一家大百货公司。

张爱玲致庄信正

一九七三年五月十五日

Chang

1825 N. Kingsley Drive, Apt. 305

Hollywood, CA 90027

信正，

水晶寄书给我，送你的一本，说不知道你的新住址，托我转寄。我前一向有点不舒服，老没出去，给耽误了，还没来得及去信道谢与道歉。你们俩这向好？上次来信提起talk shows，Dick Caveat是真非常风趣，但是隽语难得碰上，而客人说教太多。Parr我也不喜欢，只看Carson，也有许多节目不看，例如歌舞。主要是拿电视作为“背景噪音”催眠，老电影最有效。匆匆祝

好，问候荣华

爱玲

五月十五

注解：

水晶托她转寄的书是他的中篇小说集《钟》。

talk shows：指美国电视上半夜前后的谈话节目，常译为“脱口秀”。除周末外每晚都有，时间往往长达一个半小时。Jack Paar是这种节目的开端者，主持国家广播公司（National Broadcasting Company，简称NBC）的*Tonight Show*；后由Johnny Carson继续，

极为成功，使他成为家喻户晓的大名人。Paar 曾东山再起，但不能像 Carson 那样迎合大众趣味，黯然退隐。张先生只看 Carson，当然是工作累了借以消遣，“作为‘背景噪音’催眠”。(她从小不怕噪音。《公寓生活记趣》甚至说“我喜欢听市声。……我是非得听见电车响才睡得着觉的”。) 我常看的是 Dick Cavett。她把 Paar 误写成 Parr，把 Cavett 误写成 Caveat。美国电视上放老电影大都在半夜或更晚，时间对她倒正合适。

张爱玲致庄信正

一九七三年八月十六日

Chang
1825 N. Kingsley Drive, Apt. 305
Hollywood, CA 90027

信正，

我收到允芃的信要来，立刻去信拦着她，寄到西雅图叶珊夫妇处代转，猜着一定是他们暑假到别处去，没转到，原来去欧。允芃回去后收到，又有信来。祯和回台后也来信，说你代向他解释，我非常感谢。我没搬来之前，踌躇了一年多，也就是因为这里太是交通要道。最后只好下决心过往的人一概不见。水晶打听到我的住址，拿去给中华日报，叫他们寄剪报给我。既然连他们都知道了，还瞒些什么，所以本来预备不告诉中国时报，托你转，也用不着了。——允芃知道我的电话号码没关系，这电话本来等于“门虽设而常关。”——住在这里很舒服，钱也够用。房租还没再涨，应当就快了。先一搬进去马上涨，所以觉得欺人，因为 Berkeley 租约满期后两年多也没涨，物价也在涨，虽然没像最近这样。我因为戒睡药，每天花在睡不着的时间太多，所以剩下的时候永远忙忙碌碌，需要去看耳朵（因为洗头有个小 accident）也没工夫去，挨了几个星期，明天还是不能不去。我真高兴你喜欢张恨水，以后等着看那篇 paper。你们明年要是搬走的话，我当然非常怅惘，尽管地方远近于我似乎没什么分别。你是在我极少数信任的朋友的 Pantheon 里的，十年二十

年都是一样，不过就是我看似不近人情的地方希望能谅解。请千万不要又特为回信，下次有事再谈。匆匆祝

你们俩都好

爱玲

八月十六

注解：

允芃：指殷允芃。一九六八年张先生在瑞德克里夫学院时殷去访谈过，写过一篇《访张爱玲女士》。她多年来任台湾《天下》杂志董事长兼总编辑。

叶珊夫妇：指王靖献（杨牧）和陈少聪。其时王在西雅图华盛顿（州立）大学任教。

祯和：指王祯和。一九六一年秋张爱玲去台湾，主要目的是为计划创作的英文长篇小说 *The Young Marshal*。（一九六二年二月十日她从香港给赖雅写的信里说要赶在次年春天杀青；但至终书未写成，现存开头部分的打字稿。）曾要求访谈仍在软禁中的“少帅”张学良，未获当政的国民党批准。（二〇一八年按：此书已于二〇一五年由北京十月文艺出版社出版。因为篇幅很短，英文原文与郑远涛的中文译文合为一册；另外附有别册。宋以朗写了前言。）她非常推重王的《鬼·北风·人》，对里面刻画的他故乡花莲的风土人情很感兴趣；便由他陪伴前往游历，住在他母亲家，留下一张极难得的三人合照。一九七三年夏祯和来美国旅游，行前来信托我向张先生致意，希望能够晤面。我写信告诉她祯和哪两天会在洛杉矶，届时将打电话给她；同时也提醒祯和她几乎完全不见人，不接电话（“门

虽设而常关”）。他到后我们打电话，没有人接。台湾《联合文学》一九八七年三月号登过该刊总编辑丘彦明《张爱玲在台湾——访王祯和》一文。其中祯和追忆她在花莲期间“我们把《鬼·北风·人》里提到的各种吃的东西都做给她吃”。参看一九八四年八月二十九日张爱玲来信及注（183 页）。

少女时代她已习惯于夜间工作，终至患失眠症，要早睡也不能了。长期服安眠药必然有副作用，除了看电视以外，她偶尔也会喝烈酒催眠。

以后等着看那篇 paper：我在青岛刚进初中看过张恨水的小说(似为《春明外史》)，后来经夏济安先生郑重推荐而认真读他的作品，特别欣赏《夜深沉》《天河配》（一名《欢喜冤家》）和《金粉世家》，来美国以后继续努力，做了许多卡片。看了《流言》中对恨水的赞誉，便有意为这位长期被贬为“鸳鸯蝴蝶派”代表人物的另一天才作家“平反”，无奈那些年过着懵懵懂懂的生活，懒散怠惰，和那篇二张合论一样开笔而未能坚持完成。

一九七三年我在南加大申请终身职被拒，因事前完全没有料到，措手不及，无处可去，只好在该校继续支撑一学年。

Pantheon：古希腊罗马时期的万神殿。此处意指看重、珍视的人。张先生劲气内敛，尽管率真，喜怒则不形于颜色。至今重读这几句话，还记得当时在困境中所受到的深切的鼓舞。

张爱玲致庄信正

一九七三年十二月十七日（邮戳）

Chang

1825 N. Kingsley Drive, Apt. 305

Hollywood, CA 90027

荣华，

信正，

近来可好？油荒希望没太感到不便。我入秋以来又老是感冒，尤其感恩节前起一直闹到最近这两天刚好。赶寄这张卡片，祝明年运气好——

爱玲

注解：

年卡。绿色图样与去年完全一样，在多年的贺卡和明信片中只有这次重复使用。

一九七三年以色列同叙利亚和埃及之间发生战争，美国照例支持以色列；中东各石油输出国共同决定减少产量进行抵制。十月油价激涨，加油站车水马龙，要等很久时间。

张爱玲致庄信正

一九七四年五月十三日

Chang

1825 N. Kingsley Drive, Apt. 305

Hollywood, CA 90027

信正，

收到你年底的信，有好些话想说，但是我写信非常费时间，想着你一定宁可我花在写东西上，也是真的一直忙得没停，当然也是因为我日常的啰嗦事特别多。现在大学普遍不景气，不知道你有没有找到合意的事，念念。荣华是否学计算机打卡片，那是“未来之潮”。《Honor Thy Father》里的黑手党二世主官司亏空，他太太预备负担家用，也是去学这一门，一笑。我母亲在英国工厂做过工，不像我手笨脑子慢，但是一直非常羡慕中国人在海外能这样的。《中国时报》那篇稿子寄去，可惜桑品载已经不编“人间”了。刊出以后寄了几份来，我刚寄出一份给你和荣华。这篇写得很坏，大概因为长久不写，尤其不宜写这种漫谈式的散文。现在在写小说。我这样长期“三年不飞，三年不鸣”的下去，不用人提醒，自然也是心里一个结，忧煎更影响工作，成为 vicious circle。我总极力给自己减轻压力，与人来往，也希望能让我暂时忘记这问题，像你们即使见了面不提，我也无法忘记，谈过以后又需要多花点时间松懈下来，才能够做事。如果常见面，过往的人问起我来，更害你难措辞，也更使我于心不安。——这里的房租最近才加到$120，真公道。——宋淇提起可能找我给中大写篇丁玲小说的研究，不过香港没有她早期的作品，要在美国找。洛杉矶只有你们USC图书馆有本《丁玲选集》，1952开明书店出版，有五个短篇是1927—30的，《梦珂》、《莎菲女士的日记》、《一九三〇年春上海》等。似乎是1931开始转变，写《水》等。我想这一本香港总有，预备写信去问。万一没有的话，想请你在离开这里之前借出来，让我去影印一份。此外不知道Berkeley有没有，我只记得有长篇《韦护》、《母亲》。你几时如果去Berkeley，可否到图书馆看看？如果这一向不去，没关系，我过天写信托水晶。匆匆祝

近好，问候荣华——

爱玲

五月十三

注解：

“未来之潮”：英文wave of the future的汉译。

Honor Thy Father：《纽约时报》名记者盖伊·特立斯（Gay Talese）所著长篇小说（后来我于一九八四年给她寄过）；一九七三年改编为电视剧。她指的似是后者。“Honor thy father and thy mother”原出“钦定本”《圣经·旧约·出埃及记》，汉译“当孝敬父母”。但小说标题兼有黑手党Godfather（教父）的讽刺性双关含义。

黑手党：美国家喻户晓的黑社会组织，成员多是意大利人。

上述小说及电视剧以纽约一黑手党家族为故事背景。

张爱玲的母亲黄逸梵一九五一年“一度下厂做女工制皮包”（《对照记》），一九五七年在伦敦病逝，享年六十一岁。张一九五二年仓促离开上海时未能多带行李；一九六二年初从香港给赖雅写的一封

信里提到新罕布什尔州他们住处有她一个 trunk（箱子；另一封信戏称之为“trash”），里面有些东西可以卖掉换点生活费，这箱子就是她母亲留给她的。《对照记》收了母亲八张单身照及一张她与丈夫和小姑等人的合照；《忆胡适之》提到她和小姑张茂渊同胡适打过麻将。她对女儿的一生影响极大，如果没有她，张爱玲连正常的教育都不会受到；《对照记》说“她是个学校迷”。《童言无忌》说“她是个美丽敏感的女人”。该书——尤其《私语》——多次着重叙写她。《小团圆》主要人物之一蕊秋明显地影射她。（她原名素琼，号是自己起的。祖父黄翼升为清末名将，曾任长江七省提督；深受李鸿章器重。陈康祺《郎潜纪闻：二笔》提到他几次；有两条专谈他，颂扬有加。但曾国藩一八六八年十二月十六日日记则提到曾觐见西太后时禀告“水师现无良将。长江提督黄翼升……尚可用；但是二等人才”。黄的另一上司彭玉麟给沈葆桢一封密函中直斥“黄翼升伪为君子，实真小人，深堪痛恨，不可交也”。黄的儿子宗炎买一乡下女子为妾，生下遗腹子女各一，女即逸梵。）

《中国时报》“那篇稿子”指《谈看书》，刊于这年四月二十五日至五月三日。（那时桑品载任该报“人间”版主编，一九七三年由高信疆接任。）她曾把剪报原件寄给我。文章发表的头一天有“编者按”强调“她在近代中国文学史上的地位，她作品的细微与深透，她卓绝的文字技巧……都早已有人作了定论”。并说这篇长文是关于她阅读兴趣的“最亲切也最完满的解答”。她寄来的九天剪报有五天用蓝墨水加了修订。第一天在“前面……”开头的那段把误印的“比较优手”后二字改为“伏手”（即顺手；古典小说如《水浒传》和《红楼梦》都用过）；其他有三天加写了一或二句；第八天还改了一个标点。（见附图。）

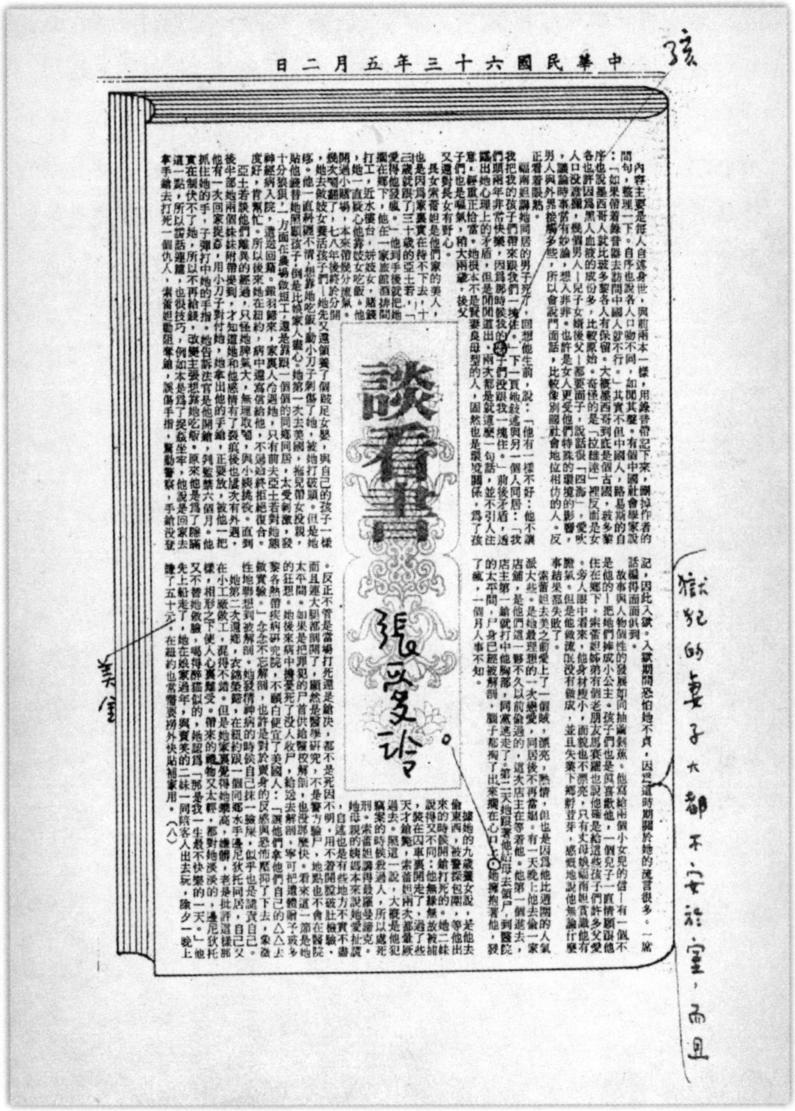

张爱玲对《谈看书》的修改。

这篇稿子确是嫌长了些，且有点紊乱；但不能说“很坏”，因为正如编者指出的，它有助于我们了解她的阅读兴趣。例如文章详细介绍了美国著名社会人种学家路易斯（Oscar Lewis）的几本书，尤其 *La Vida*（西班牙文“生活”）。此前经她推介，我已经买了路易斯的所有代表作，看得兴味盎然。（这年六月三十日她给夏志清先生的信里说“前两天找了信正夫妇来长谈，信正又说你喜欢《张看》。我真高兴，那篇东西花了不合比例的时间在上面，这才觉得值得”。）

“三年不飞，三年不鸣”：《史记·楚世家》记庄王即位三年，日夜淫乐，荒废朝政，并下令有敢谏者杀无赦。伍举却不怕死，他首先问：“有鸟在于阜，三年不蜚不鸣，是何鸟也？”《滑稽列传》中亦有此语。

宋淇先生让她为中大（香港中文大学）写的丁玲研究因校方取消计划而中止；见一九七四年十二月二十七日张爱玲来信（96页）。张爱玲一九三六年十月就读上海圣玛利亚女校（St. Mary's Hall）期间在校刊《国光》创刊号上发表的《书籍介绍》认为丁玲第一篇小说《梦珂》“是没有成熟的作品”，《沙菲女士的日记》“进步多了”。这封信显示她对这位左派作家熟知能详。参看下信及注。

结尾“如果……”三句是在行间加写的。

张爱玲致庄信正

一九七四年六月十一日

Chang

1825 N. Kingsley Drive, Apt. 305

Hollywood, CA 90027

信正，

收到五月三十的信，你说的现在港台文坛的情形，我虽然不清楚，也 know what you mean。在中国时报上看见杨牧写的《西雅图志》，原来就是叶珊！ Oscar Lewis 死耗听了觉得可惜。《A Death in the Sanchez Family》没去找来看，我看这些书全是随便碰上的。我对你提起过的《A Bridge at Chappaquidick》本来也写进《谈看书》，觉得它间接暴露美国最上层阶级，正是另一个极端，因为太长删掉。我前些时 Von Kleinschmid Ctr. 去过一趟，看见《丁玲选集》，但是现在知道这本书香港有，所以不用托你影印了。他们只缺二〇、三〇年间的书刊。志清说丁玲的书哥大都有，可代影印，又建议我托你介绍在本地大学图书馆付费取得借书证，那当然值得。我现在请他等有空再去哥大图书馆看看，有没有三〇年间上海出的小说集与长篇。大概可以用不着烦你托朋友在 Berkeley 找了。UCLA 我打过一个电话去，问知他们有她延安时代许多冷门著作，等中大决定要这篇研究再去看，但是应当在你动身前托你介绍，拿到 UCLA 借书证，备而不用。如果不是一定要自己去申请，付费就请先垫着，再告诉我多少。我的电话现在知道的人太多，更不能接听。前一向高信疆屡次打电话来，为出书的事——是水晶的一个朋友唐文标在图书馆发现旧杂志上我的几篇旧作《连环套》《创世纪》等，因为太坏写不下去，未完，也一直不预备收进小说集——我不愿让人家白花钱打长途电话，尽管是公款，已经给他们去信回掉了。必要的时候还是我打电话给你们。等过了大考期间——要搬家一定忙，加上荣华出去做事，更累，赶着这时候给你们添麻烦，真对不起。祝近好——

爱玲

六月十一

注解：

Oscar Lewis 其实早于一九七〇年十二月去世，仿佛她此前不知道。*A Death in the Sanchez Family*（《桑切斯家一成员之死》）是路易斯最后一本书（一九六九年），我一九七〇年秋天买到；这次成了我向她推荐了。

A Bridge at Chappaquiddick：见张爱玲一九七〇年十月三十一日（60 页）和一九七一年五月七日来信及注（66 页）。作者为 Jack Olsen。一九六九年出版以后畅销一时，损害了肯尼迪的政治前途。书名最后一词张先生少拼了一个 d。

Von KleinSmid Ctr.：南加州大学教学和办公兼用的大型校舍。简称 VKC。其图书馆所藏社会科学方面资料很多。中间一词她似乎拼为 Kleinschmid。

UCLA：加州大学洛杉矶校区（University of California，Los Angeles）的缩称。

丁玲抗战时期在延安相当多产，但直到一九七〇年代她的作品在大陆以外仍算“冷门”，包括小说集如《我在霞村的时候》及散文、杂文和报道文学。

高信疆：《中国时报》“人间”版主编。他和《联合报》的痖弦把当时台湾两大报的副刊编得有声有色，可圈可点。二人竞相向张爱玲拉稿，并到处寻求她的旧作重新发表。信疆已于二〇〇九年辞世。参看张一九八二年十月十四日信（130 页）。

唐文标当时在加州州立大学沙加缅度校区（California State University，Sacramento）任数学教授，家住伯克利附近的 Walnut Creek。他很潇洒，“不务正业”，常去加大著名的东方图书馆，搜到张爱玲的一些旧作。《连环套》和《创世纪》后来收入《张看》。她在自序里也强调这两篇未脱稿的小说自己极不满意，因而当年没有放进《传奇》（增订本）；另外也抗议唐擅自刊印别人著作的行径。参看张爱玲一九八二年十月十四日来信及注（130 页）。

搬家：上信她谈到大学不景气，我找事会有困难，果然如此。幸而母校系主任福伦兹师让我回印大客座一年（1974—1975）。

张爱玲致庄信正

一九七四年六月十三日

Chang

1825 N. Kingsley Drive, Apt. 305

Hollywood, CA 90027

信正，

我今天又打电话给 UCLA 图书馆，问知丁玲延安时代的书只有四本，但是 Berkeley 有十一二本 1949 前的，Hoover 有廿八本，可以转借。借书年费$24。我前两天信上忘了提，代介绍如果只需要打电话给 librarian，那当然让我自己去图书馆申请借书证。但是如果你得要到图书馆去一趟，那么也许可以代办手续，省得我跑一趟，路远，去很费事。万一我用不着去，附上$24 支票请代付费。匆匆补这张便条来，过天再谈。荣华和你这两天都好？

爱玲

六月十三

注解：

Hoover：指设在斯坦福大学的 Hoover Institution on War，Revolution and Peace（胡佛战争、革命与和平研究所，简称胡佛研究所。美国右派智库之一）的有名的图书馆，所藏关于中国二十世纪七十年代以前的书刊非常多。简称 Hoover Library（胡佛图书馆）。（二〇一九年按：对丁玲这样缺少艺术造诣的作家她竟然慎重地进行研究，一方面固然是为了稿费，一方面也看得出她对于左派并没有根深蒂固的偏见。万燕在其《解读张爱玲》中透露，《小艾》初版使用过“蒋匪帮”这样的字眼；并引了陈子善教授的文字说抗战时期周恩来很欣赏张的小说，在重庆看过《传奇》；五十年代初夏衍曾经托柯灵找到一册送给周。）

张爱玲致庄信正

一九七四年六月二十八日

Chang

1825 N. Kingsley Drive, Apt. 305

Hollywood, CA 90027

信正，

附上剪报。你们这两天忙，千万不要再抽空回信。匆匆祝

旅途愉快，下半年起转运——荣华昨天真是“the longest day”，真累着了。

爱玲

廿八晨

注解：

我找不到教职，颇为狼狈；曾考虑干脆闲一二年专事写作。福伦兹师见我走投无路，便邀我返母校比较文学系代一位公休的教授一年课。我写信向张先生辞行，她来电话约我和荣华六月二十七日晚去她公寓一聚。我们按时到达，敲门却无反应；女管理员说看到她外出，叫我们在楼下交谊厅稍候。过了半小时多她回来了，原来把约定时间记成是第二天。那晚上从八时谈到清晨三点多，确是“the longest day”。美国战争史家 Cornelius Ryan 记叙二次世界大战期间盟军在法国诺曼底登陆的畅销书 *The Longest Day* 一九五九年出版，一九六二年改编成很卖座的电影，电视上半夜以后往往重播。她加

了引号，表示是借用。

这是我同她第二次彻夜长谈，也是最后一次见面。但我和荣华都没有做笔记，那时我还没有记日记的习惯，那晚的许多细节和在伯克利那次一样已不复记忆；最难忘的是她拿出相簿给我们看她祖父母、父母和她自己的照片，比后来收入《对照记——看老照相簿》者多得多，例如她母亲、姑姑和其他亲友的。她去世的消息传出后《中央日报·副刊》主编梅新兄约稿，荣华写了一篇悼念文字《在张爱玲没有书柜的客厅里》（一九九五年九月十六日，原题《张爱玲召见记》）。

我们六月二十九日离开洛杉矶，到印第安那才收到这封信；邮戳是写信当天下午。

张爱玲致庄信正

一九七四年十二月二十七日

Chang

1825 N. Kingsley Drive, Apt. 305

Hollywood, CA 90027

信正，

上次收到信忘了留信封，所以你那些可托借书的朋友的住址倒都有，只缺你们的，我又不想没事惊动别人，所以直等到上月回志清的信才顺便向他要一份。你们给我带了那么些东西来，又还要寄《东京梦华录》来——！中大因为不景气，不需要研究丁玲了，幸而你没草草代办图书馆证，否则一次也不会去。志清提到你考进联合国作翻译。我不是好几次说你前进吗？就现在的世局看来，相信在你个人是明智的决定。我这一向很久都忙得发昏，在年前赶完一篇奇长的红楼梦考证，所以没写“圣诞信”，并不是忽然 ideological 起来。想必一时还不会去纽约，你们在这里的房子一定非常可爱。荣华没出去做事？不那么累？匆匆祝

好

爱玲

十二月廿七

注解：

我在印大教了一学期便因福尔斯特师建议决定转往联合国工

作。福伦兹师同福尔斯特师一样是宽仁的长者，准我“毁约”（他得赶紧找人代我这个代课的人）。十二月二十四日我们驾车启程搬来纽约。这封信写于其前三天，寄去印大宿舍，再转纽约皇后区我们租住的公寓。这年年底我开始记日记，所以知道是次年一月六日才接到。

离开洛杉矶之前我和荣华为她买了一本相簿和一些甜食送去，托那女管理员转交。

《东京梦华录》：南宋孟元老所著有名的笔记，主要追忆北宋时汴京的种种繁华景况。一九六一年香港商务印书馆重印版中邓之诚加的注比原文长好几倍，充满有趣的细节，实在精彩，我便多买了一本送她。

《红楼梦考证》：这篇指《二详红楼梦》。

ideological：（讲究）意识形态的。她这样说是因为我进联合国工作时已在中华人民共和国加入（一九七一年）之后。

张爱玲致庄信正

一九七六年五月底或六月初

Chang

1825 N. Kingsley Drive, Apt. 305

Hollywood, CA 90027

如有水晶搬家后的房子号码——同一条街，原 728 号——请告诉我一声，我要寄本书去。祝

近好

爱玲

注解：

寄赠《张看》时所附的便条。封套已失，无邮戳可查。信和书上都只有下款而无日期；六月八日收到。

接到她上封信后我于一九七五年一月二十六日给她一信。二月二日夏志清先生夫人来电，问张先生的电话号码，说陈纪滢正在他们家。（一九五九年张为赚稿费而应邀把陈的长篇小说《荻村传》节译成英文，名 *Fool in the Reeds*，在香港出版；后来并为美国之音——Voice of America，简称 VOA，改编成广播剧。）

此后一年多没有收到她来信。一九七六年接到年卡，次日我即回信。该卡想必附有便条，但未能找到，日记也未记内容。

六月十九日我给她一信，想是查到了水晶新址门牌号码立即告诉她的。她要寄给他的书该也是《张看》。

张爱玲致庄信正

一九七七年十二月十四日

Chang

1825 N. Kingsley Drive, Apt. 305

Hollywood, CA 90027

荣华

信正

修笠

从志清处听到修笠已经有了个弟弟，实在可喜可贺。荣华想必好？伯父母也好？你们俩忙累的情形可以想像。我在写短篇小说，有一篇登在十二月的皇冠上，收到后会转给志清，再请他转给你们，便中再寄还给我，不忙。《红楼梦魇》迄未收到赠书，所以还没送你们一本。

爱玲

注解：

年卡所附短简。

修笠是我女儿，一九七五年生；她弟弟修昱比她小两岁。从此张先生来信结尾大都会向这两个孩子致意，叫他们"二修""两小"等。我父母一九七六年由台北来美国定居，她也礼貌地问候，不能不说与传统教养有关。

短篇小说：即新作《色，戒》，发表于《皇冠》一九七八年一月号，不是上年十二月号。参看她下一封信及注。

《红楼梦魇》于一九七七年八月结集出书，次年一月二十八日我收到她签赠的一册，里面照例作了许多修改。如页三一六第三行“旧批”二字之后增补了三行文字，页二九九末尾删去一句（十九字）。封面由她自己设计，是她最后一次为自己的著作设计封面。（二〇一八年按：该书《自序》开头提到写作过程中宋淇不时在信里问起“你的红楼梦魇做得怎样了？”她“觉得这题目非常好，而且也确是这情形——一种疯狂”。这四个字联用最初可能是钱钟书短篇小说《灵感》（一九四〇年代上半叶），其中说主人公——一个“有名望的作家”——写过中篇小说《红楼梦魇》。宋淇想必读过该短篇。）

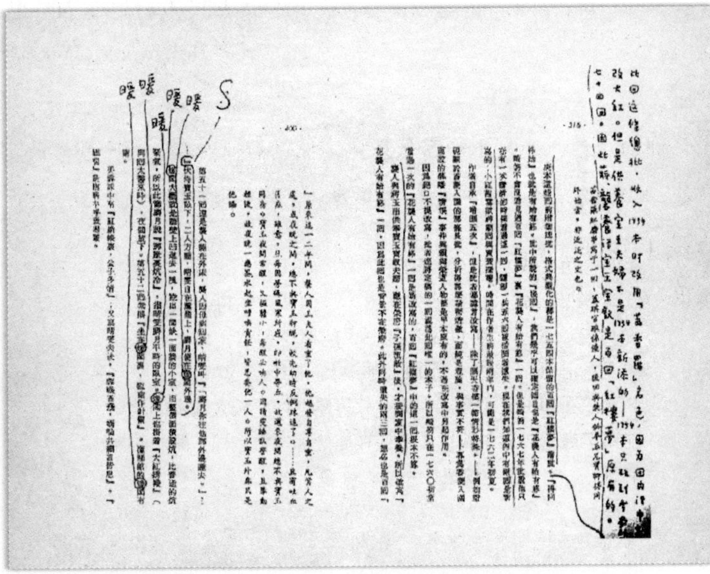

张爱玲在签赠庄信正的《红楼梦魇》初版里所作的增补和改正。

张爱玲致庄信正
一九七八年七月十八日

Chang

1825 N. Kingsley Drive, Apt. 305

Hollywood, CA 90027

信正,

那篇《色,戒》不知道从夏先生那里借到没有,反正我添改了几处,本来也是要另寄一份来,不用还我。近来想必还是忙。荣华好?修笠姐弟都好?祝

暑祺

爱玲

七月十八

注解:

寄赠《皇冠》所刊《色,戒》的剪报和《浮花浪蕊》的影印本时加附的便条。封套的邮戳上没有日期,但看来因为是大件,隔了些天才特别去邮局寄的;我八月十四日收到。

剪报上仍有不少增订和校正。就《色,戒》而言,有两个字改得很惹眼:原印的两次"憋"字都改为"彆",可以说也是她个别的用字习惯(旧小说有此用法);"斗篷"出现了四次,而"篷"每次都改为"蓬",其实"篷"没有错。有可能是她从小把竹子头简写作草字头(草书往往如此),习惯成自然了。页三三、页三四至三五、

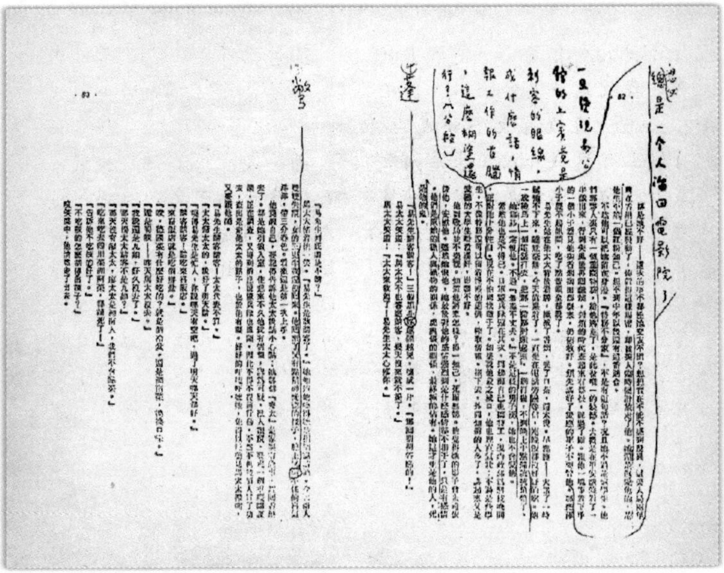

张爱玲寄给庄信正她在《皇冠》所刊《色，戒》剪报上作的增补和修改。

页三六至三七等处都作了较大幅度的改写。《浮花浪蕊》增补了几处；靠中间部分“他住在他们那座大宅里”开头的那段结尾一句删去了头十四字，另用稿纸加写了三行多，成为两句。

李安所导《色，戒》(*Lust, Caution*) 二〇〇七年九月获得威尼斯影展金狮奖。小说也出了英译单行本，另外并与英译电影脚本合并出书，有副标题“The Story, the Screenplay, and the Making of the Film”（Pantheon Books, New York, 2007）。

张爱玲致庄信正

一九七八年十二日二日

Chang

1825 N. Kingsley Drive, Apt. 305

Hollywood, CA 90027

信正，

我前一向又一直忙、赶得昏天黑地，所以收到你前一封信之后还没回信，倒已经收到《论庚辰本》与《红楼梦原来是多少回》，还是大陆买来，外间没有的，实在歉仄到极点。这两本书对于我太重要了——前者更甚——留着仔细看。《曹雪芹与红楼梦》我收到香港的一本，你给的这本另包寄还，你留着以后送人——先一直没有大小合式的信封，所以迟迟未寄。十月初中国时报上有篇域外人（张系国）骂《色，戒》的文章。我最不会笔战，一向投稿都是托宋淇转寄，好帮我看看有没有碍语。这次刚碰上香港邮局怠工。志清想必以为我不预备答辩了，来信说他写了篇文章代为洗刷。等唐文标那篇文章刊出，大概又是这情形，但是幸而你先告诉了我，至少心理上有了准备。你信上说的修笠修昱如在目前。你跟荣华的忙累可以想像。非常高兴你喜欢《浮花浪蕊》。本月份皇冠上又有一篇，等收到了影印一份寄来，年内不会寄到。今年的“贺年信”就两免了。祝一切都好，明年更好。

爱玲

十二月二日

注解：

此前我于十月二十七日寄给她冯其庸《论庚辰本》和两篇有关《红楼梦》的文章，附有一信。关于冯著，参看下两封信及注。

《红楼梦原来是多少回》：指周汝昌的论文《〈红楼梦〉原来多少回？》(《社会科学战报》，一九七八年第一期)。周根据蒙古王府本（简称“蒙府本”）第三回一条批语中“后四十回”四个字而断定是一百一十回，后来又说不多不少是一百零八回；张则推测为一百回。她到处搜求各手抄本，花了很多精力，但《红楼梦魇》没有引用过“蒙府本”和列宁格勒所藏手抄本（简称“列藏本”)；她写《红楼梦魇》时期二书还没有影印本，必须特别申请去看原件。后来“列藏本”由中华书局影印（一九八六年)；“蒙府本”由书目文献出版社影印（一九八七年)，价格不赀，当时我也买不起。二〇一〇年人民文学出版社平装本问世，就很便宜了。

《曹雪芹与红楼梦》：论文集（一九七七年)。收了周汝昌、冯其庸等人的文章。这年三月六日我把刚从香港邮购的一本寄给她。次年她寄还，附一短简，一月五日收到。见她下信和一九八二年十月十四来信及注（130页)。

域外人的《不吃辣的怎么胡得出辣子？——评〈色，戒〉》一九七八年十月一日刊于台湾《中国时报》“人间”版。参看下一封信。

从此开始她为了唐文标盗印她著作的行为不胜其烦。见后面她和我的几封信及注。

这年一月唐来纽约，打电话给我，见了一面。二月十三日我寄张先生一信，附一剪报，当天日记未记是什么，但不外是与她有关的资料。此信提到的唐文标“那篇文章”我也不记得是哪篇了。唐所编印的他搜得的文字于一九八二年结集出书，名《张爱玲卷》，其中有他的序和跋。

皇冠上又有一篇：指《相见欢》；和《色，戒》《浮花浪蕊》三篇新作都收入《惘然记》（一九八三年）。参看一九八三年六月十七日张爱玲来信及注（161 页）。

张爱玲致庄信正

一九七八年十二月十一日

Chang

1825 N. Kingsley Drive, Apt. 305

Hollywood, CA 90027

信正，

我前几天来信，忘了提陈若曦：不记得有没告诉你那年我在台北，初次见面，她带我去买东西送王祯和的母亲，在三轮车上就大胆批评政府，讲陈仪的大屠杀。你说听说她人很厉害，大概名不虚传，眼光也厉害，知道我不会给传出去。

这本书我另有一本，所以寄还这本，你留着送人。我那篇关于域外人《评〈色，戒〉》登在十一月廿七的中国时报上。这些报纸大概你都有，所以没寄剪报来。

这两天荣华修笠姐弟都好？

爱玲

十二月十一

注解：

寄还《曹雪芹与红楼梦》时所附的信。封套已失，书则保存至今。次年一月十二日我给她寄一信，附两篇有关《红楼梦》的文章，篇名已不记得。

陈若曦后来留学美国，一九六六年“文革”初期去大陆住过，“文革”结束前离开，写了《尹县长》等反映当时大陆某些现象的小说。一九六一年她在台湾见过张爱玲后发表过一篇文章《张爱玲一瞥》。

张爱玲反驳域外人的文章题为《羊毛出在羊身上——谈〈色，戒〉》，后来收入《续集》（一九八八年）。她为此文煞费周章，改而又改。参看宋淇之子以朗在其博客“ESWN”（东南西北）所披露的“The Letters of Eileen Chang, Part 4”。其中并引了她这年给麦卡锡（Richard McCarthy）的贺年信，更显示她对被人攻击一事耿耿于怀。现抄录有关部分如下（提到的两个人名分别是宋淇和陈若曦）：

> It's been a spotty year for me. In fact I'm currently under attack from some quarters in Taiwan for "glorifying traitors" in a short story of which Stephen Soong furnished the material. He also worked on it behind the scenes with me throughout, so you can imagine it's nothing of the sort. Of course with the kudos won by Chen Jo-hsi I suffer by comparison unavoidably. I'm enough of a Taoist to be philosophical about tao, which I interpret as the way things go... Perhaps it takes Chen Jo-hsi's kind of plaintalk to penetrate the vast ignorance about China, but it's her ideological fervor that carries weight.

另外参看一九八二年七月五日张爱玲来信及注（119 页）。

张爱玲致庄信正

一九七九年十二月十六日（邮戳）

Chang

1825 N. Kingsley Drive, Apt. 305

Hollywood, CA 90027

荣华

信正，

Best Wishes for the New Year

爱玲

信正，

我在赶译海上花，这次无论如何要译完它。你喜欢《半生缘》大概是因为喜欢张恨水。说来可笑，红楼梦考据我一搁下就看不懂了，所以你那本《论庚辰本》看着费力，至今还没看，留着空点的时候细看。荣华与你都好？除了忙累？修笠修昱一定已经是有性格的小人儿了——可畏！

爱玲

注解：

年卡所附短简，同上信相隔已经一年。

赶译：指她忙着英译《海上花》。参看她一九六七年四月二十八日（24 页）和一九八〇年九月二十七日（112 页）两封来信。

《半生缘》：她签赠的日期是一九七一年三月十日。此书读来像张恨水，可以说是向她从小就喜欢的这位前辈间接表示的一种礼赞。

信里最后一段使我想起《造人》开头所说她对于年长者感到亲切，对于同年者不大看得起，“对于小孩则是尊重与恐惧，完全敬而远之。……小孩……可敬，可怖。”（破折号是原文已有的。）

张爱玲致庄信正

一九八〇年九月二十七日

Chang

1825 N. Kingsley Drive, Apt. 305

Hollywood, CA 90027

荣华

信正，

收到瑞士风景明信片。我本来以为信正学法文是预备到非洲法语区去，原来是到这些好地方！想必已经回纽约，荣华也回来了。荣华能去探亲我也感到意外，当然现在的时局微妙，其实也都是意中事。孩子都一块去了？海上花大致译完，至少要自己打一遍，但是因为失眠症，昼夜颠倒扳不过来，晚上打字怕邻居嫌吵，进行慢得急人。夏天威斯康辛大学开红楼梦研究会，旅费都是自费，愿意替我代出，赵冈还特为到香港去找宋淇跟我说。我因为没论文可读，没去。能用的材料太长，如果能缩短，我早译成英文去投稿了。这次冯其庸也出席，看来他的学说非常靠不住，《论庚辰本》我看不进去也罢。但是有在这里到底放心点。再谈。祝

好

爱玲

九月廿七

注解：

这年夏天我去日内瓦出差三个月，从那边给张先生寄了一张风景明信片问安。趁此机会，荣华带修笠、修昱返台北探亲，也住了三个月。张先生感到意外，大概是忘了我进联合国工作并未改拿大陆的护照。

《海上花》她从一九六七年开始英译，锲而不舍，终于“大致译完”，同样可以说“十年辛苦不寻常”了。她对这本吴语小说评价极高，竟至与《红楼梦》相提并论。《红楼梦魇》自序认为《海上花》同这本旷世杰作“有三分神似”。《国语本〈海上花〉译后记》仿《红楼梦》首回的口吻惋惜地预料“张爱玲五详《红楼梦》 看官们三弃《海上花》”（她一九八三年初给夏志清先生的信说译注本《海上花》“连载似乎没有什么反响”），俨然把二书视为自己平生在学术上的两大成就。她在注解里屡屡赞扬作者韩邦庆自诩的“藏闪法”。宋淇夫妇所辑《张爱玲语录》有这么一句：“高如《红楼梦》、《海上花》，看了我不敢写。”

因为失眠症，昼夜颠倒扳不过来：参看她一九七三年八月十六日来信及注（80页）。《张爱玲语录》：“楼下公鸡啼，我便睡。像陈白露、像鬼——鬼还舒服，白天不用做事。”宋淇加按语说明是指曹禺《日出》女主角的有名的话“太阳不是我们的，我们要睡了”。（按：该剧第一幕近结尾这交际花说：“太阳都出来了。……太阳升起来了，黑暗留在后面。……但是太阳不是我们的，我们要睡了。”）张爱玲相当喜欢曹禺，作品中数次谈到他；自承曾“熟读……《日出》”。

她在好莱坞日落大道旁边小街上住了十一年的这间公寓一进门左边窄窄的一条是厨房和小圆形饭桌；中间是客厅；右边离门较远处

窄窄一条则是小小的卧房和盥洗室。整个空间不很大，深夜打字时邻居是会嫌吵；另外她说过邻居曾抱怨她电视声音太高，同样是因为已过半夜。

《红楼梦》研究千头万绪，除复杂晦涩的内容和精微巧妙的笔法以外，单是版本——尤其十多种手抄本——之间的文字异同和承袭关系就已单独成为一门学问。冯其庸便是这方面的一个专家。他的《论庚辰本》坚决反对另一红学家吴世昌所持该本是由四个不同底本“拼凑起来的合抄本”的说法，而再三断言这“举世无双的最珍贵最重要的”抄本“确凿无疑——从头至尾是据己卯本过录的”。此言一出却惹起争论，有的学者同张爱玲一样表示坚决反对。一九八〇年六月美国威斯康辛（州立）大学举办《红楼梦》国际研讨会，提出论文的学者有冯、周汝昌、余英时、潘重规、周策纵等，会后结集出过书。

这封信于九月三十日付邮，那天她正满六十岁。

张爱玲致庄信正

一九八〇年十二月二十二日（邮戳）

Chang
1825 N. Kingsley Drive, Apt. 305
Hollywood, CA 90027

荣华，信正，修笠，修昱

新禧

爱玲

注解：

用明信片做贺年卡。此前我想必先给她寄过年卡，但日记未记，她也未提，或许在邮寄途中错过，也可能她收到而尚未拆启。这里除上下款之外只写了“新禧”二字。她寄的年卡看来都是在住处附近店里买的美国印制的，这是唯一的中国图案，猜想是去洛杉矶中国城时顺便买的。见附图。

张爱玲一九八〇年十二月二十二日寄给庄信正一家的明信片。

张爱玲致庄信正

一九八一年十二月二十二日（邮戳）

Chang

1825 N. Kingsley Drive, Apt. 305

Hollywood, CA 90027

荣华，

信正，

想必都好？修笠修昱像谁？我多年没看牙齿，一查查出许多漏洞，今年看到明年。“国语对白”海上花要在皇冠连载，我没工夫去影印，要等出单行本再寄给你们了。英译本需要搁几个月再看一遍再找人打。志清介绍由哥大印刷所出版。祝狗年一切顺遂。信正想必一口法文了。

爱玲

注解：

年卡所附短简，邮戳日期与上年的贺卡是同一天，可谓巧合。此前一年当中没有来信。我给她的年卡于十二月二十一日付邮，并附了我一篇论文《鲁迅与陀思妥耶夫斯基》。

她的国语译注本《海上花》于次年四月起在《皇冠》开始连载，一九八三年一月出书。我手边这本是一九八四年春托一亲戚在台北买的。英译本 *The Sing-song Girls of Shanghai* 直到二〇〇五年（她死后十年）才由哥伦比亚大学出版。那年八月我买到“Uncorrected

Proof”（未改正校样），长五百五十四页，封面说“First translated by Eileen Chang. Revised and edited by Eva Hung”（首次由张爱玲翻译，经孔慧怡修订）。参看她一九六七年四月二十八日（24页）、一九八二年七月五日（119页）来信和我一九九一年八月十三日寄给她的信及说明（283页）。

张爱玲致庄信正

一九八二年七月五日

Chang

1825 N. Kingsley Drive, Apt. 305

Hollywood, CA 90027

信正，

前些时收到讲鲁迅与 Dostoevsky 一文，我因为没看过 Dostoevsky，看着不免迷糊，所以还没看。今年春天好莱坞图书馆被人放火烧了，只有这一家“公车直达”，我刚巧又脚扭了筋，不能多走路，正愁读物断档，收到毛姆传，来得正是时候，喜从天降，连照片都精彩，张张看了又看。这些时一直忙，所以你说不要回信，就老实不客气遵命了。四月一日愚人节，好容易最后一次看了牙医生出来，因为久坐麻木，过街跌了一跤，真 feel like a fool。这就又日夜轮流搽药，两三个月收口，扭了筋还没好全。Dick McCarthy 因为在一个中国小说书目上看到《海上花》的情节，非常喜欢，要介绍代理人推销英译本。我想不试试也不甘心，所以哥大印刷所方面先搁下了。因而决定还是要删掉四回酒令诗文等，皇冠上连载到半路上又忙着改。出单行本因为校改，需要重排，要另寄一份去，连皇冠上登的也要影印了寄去。如果你托朋友买的还没收到，我多影印一份毫不费事。你会有工夫写东西！这篇长文我看了当然感激，尤其是关于“不彻底”，更道人所未道。p.5 倒数第四行看不懂，可否改写得明晰点。振宝似未与妓女姘居。(p.1)p.16 下半页 12“务(物)色”想是笔误。《色，戒》的佳芝本来心理不正常，因为为了做特工牺牲了童贞，而同伙的同学对这一点的态度不好，给她很大的刺激。英文有句名言："权势是一种春药"，我想也是 a love potion。——应当添进去，多谢间接提醒我——她多少有点爱易，性方面也 OK。皇冠出的旧书我没校，序竟少了两段！方便的话请把这两段影印一份给我，（不忙）免得我翻箱子找——恐怕没有。荣华跟你这一向都好？修笠修昱也好？

爱玲

七月五日

又，附近治安还好。

注解：

此前六月十二日我把刚脱稿的论文《桃花扇——重读张爱玲》寄给她请她改正，附一长信。她退还时写了此信，七月十四日接到。

没看过 Dostoevsky：Dostoevsky，陀思妥耶夫斯基。张爱玲在阅读方面也随和也挑剔。她对很多名家名著不熟悉。在给朱西宁的一封信里提到她连自己丈夫的作品都不看；而赖雅不以为意，自解嘲说"I'm in good company"（好在跟我一起的都很了得），因为她同样也不看乔伊斯。赖雅当年对乔伊斯很推崇，曾积极设法安排把 *Ulysses*（《尤利西斯》）——他心目中二十世纪最伟大的文学作品——译成德文。现存乔伊斯一九二二年三月十四日给赖雅的信，谢他不懈的支持，但表示无法替他找到一册（刚刚出版，很快卖完），并劝他转告译者不妨先译 *A Portrait of the Artist as a Young Man*（有中译本，书名《一个青年艺术家的画像》。这个译名仿佛已被普遍接受，其实不妥当。乔伊斯曾经特别指出"as a Young Man"是说男主角那时候只是个"青年人”，还不能称为“艺术家”。这书名译成别的语文却很难以贴切传神）。信的开头称“Dear Reyher”而不加“Mr.”，可见二人间已有相当交谊（乔伊斯非常讲究传统礼仪，轻易不直呼其名）。此前乔伊斯给赖雅的信可惜已经失传。再举一例。一九六三年她为香港电懋公司把艾米莉·勃朗特 *Wuthering Heights*（《呼啸山庄》）改编成电影脚本《魂归离恨天》（未能拍制；后来收入《续集》），却坦承从未读过这本名著，而只看过电影和舞台剧本。舞台剧不知何所指，电影无疑是威廉·怀勒（William Wyler）所导的好莱坞片，其脚本由赫克特（Ben Hecht）和麦克阿瑟（Charles MacArthur）两位著名电影编剧家合编，但颇不忠于原著。

另一方面，我们都知道张爱玲爱看上海小报，并且在小报上登过作品（例如近些年新“出土”的中篇小说《郁金香》和小品文《天地人》）。她也喜欢《海上花列传》《歇浦潮》和张恨水的小说。她对毛姆（一九二〇年去过中国）始终感到亲切的原因也就在此，显然嗜读他的作品，笔下多次谈到，尤其在短篇小说《浮花浪蕊》中仿佛念念不忘。当年周瘦鹃初读《沉香屑：第二炉香》后曾告诉她这个短篇很像毛姆，而她“心悦诚服”，因为她自承正是其作品的爱好者。一九八二年五月初我寄了曾得美国普利策报道文学奖的 Ted Morgan 所著毛姆传记 *Maugham* 给她；其中附有插图多达一百零九张。后来她在《海上花》国语译注本第三十三回一条注里指出该回“好快刀”一词的典故近似《毛姆传》所记他游“法属”圭亚那（Guyana。按：应为“英属”）听说一个犯人乍被砍头时眨眼睛的真人真事。

feel like a Fool：觉得自己愚蠢可笑。四月一日是愚人节，英文叫 April Fool’s Day 或 All Fools’Day。

Dick McCarthy：即 Richard McCarthy(麦卡锡)。张爱玲一九五三年开始为香港美国新闻处翻译谋生，因而结识该处的这位主管。此后得过他不少帮助，包括 *The Rice-Sprout Song* 的出版。她把该书献给他和她的文学代理人 Marie F. Rodell，并在前言中表示对二人“most grateful”（不胜感激）。一九六一年她去台湾时麦卡锡正担任当地美国新闻处处长，由他安排接待。张爱玲靠稿费和偶尔的奖助金仅能糊口，生活没有保障，何况已经年过六十，随时需要赚点收入防老，而大学出版社稿酬低微，她自然希望《海上花》英译本尽可能找到商业出版社。但至终未成，仍由大学出版社（哥伦比亚）印行。关于译文“要删掉四回酒令诗文等”，她在国语本和英文本的译者小识里都作过交待。

鉴于内容十分敏感，她在《色，戒》中采用的技巧类似“藏闪法”；这是西方小说家如亨利·詹姆斯和乔伊斯已经惯用的。但有些华文读者乍看未必能一目了然，我向她报告心得时提到此点，没料到她竟认真解释起来。后来她送我的剪报上也作了解说性增补，收入《惘然记》时加了更大幅度的铺陈。

“权势是一种春药”：在送给我的《惘然记》中，她用钢笔标出了《色，戒》最初在杂志发表时没有的两处较长的增补；第二处在“他不在看她”起头的那段之前加了约二十行，开始就引了这句话。其原文为“power is an aphrodisiac”，本是个古老的概念，但措辞则是美国学而优则仕的基辛格首先使用的。《纽约时报》一九七一年一月十九日和一九七三年十月八日引过，但在“aphrodisiac”之前分别有“the great”和“the ultimate”。

love potion：与春药同义。

序竟少了两段：她一九四四年九月十四日写的《传奇再版的话》是一篇跌宕有致而意味深长的散文杰作，但台湾皇冠版《张爱玲短篇小说集》内到“然而现在是清如水、明如镜的秋天，我应当是快乐的”却戛然而止，其后十来行不见了。我在信里向她指出。参看她一九八二年十月三十日来信及注（132页）。

庄信正致张爱玲

一九八二年七月十七日

爱玲先生：

您五日的信和退还的文稿收到了。扭筋后要好起来是很慢的，我前年去看眼睛，离诊所时踏空一级阶石，人没倒，左肩却扭了，当时未觉什么，但许久才好。去年铲雪也跌了一跤，不久前阴天时还痛过。所以真得十分小心。很高兴您喜欢那本毛姆传。您大概知道这边有家 Barnes & Noble 书店，卖 second-hand 新书，有时一本书出版几个月就可以在那边打折扣买到。以后如果您有什么书愿意看，我可以替您购寄，反正我经常逛书店，去邮局又方便。Dick McCarthy 据我所知是个非常热心的人。《海上花》确实应该先找 agent 向 commercial 出版社推销一下，我看被接受的机会很大。这边我认识的"张迷"们听说您已完成这个 project，都大为欣快，说"一定是名著名译"。荣华妹妹代我买的那本早晚会到，您多影印一份不可能不费事，倒不如我等全书出来后仔细拜读。

您在百忙中（为两个 versions 的《海上花》出版事，一定很繁忙）竟为我看稿子，并提出指正意见，使我很感愧，改稿时定会遵照您的意思修正。我说振保"乱姘娼妓"，是把"姘"字用错，我的意思是他乱嫖，不是姘居。我对佳芝的印象可能是第一次读的时候"走火入魔"，或没看懂（"mental block"），再读的时候已经有先入之见，顺着错下来了。关于"如匪浣衣"，我看几本书上有两种读法，一是"如匪（彼）浣衣（待洗之衣）"，一种则是"如匪（没有）浣（洗过的）衣”，如果照后一种说法，则“匪浣衣”可以读为一个词。最近看到高亨新著《诗经今译》，提出一个新鲜解释。他说“浣衣”就是“翰音”，即“鸡”，所以这句是说像鸡一样任人宰割，而且“不能奋飞”。但他没有举出任何证明（除了读音近似）浣衣就是翰音，而诗经里浣衣却不止一次出现过（而不能解为翰音的）。

前几年《色，戒》刊出后域外人写的那篇批评我始终没有看到，也不知道您和夏志清先生驳了他没有。至于我自己，最近这次重读您的著作，只觉比从前更加佩服。您二十岁前后写出那样的小说和散文，在世界文学史上我还没有见过别的例子。本来我的文章有几段开场白，说到您在文学史上应有的地位。但后来觉得事实俱在，而且夏先生、水晶等也提到过，同时甚至还怕因此为您“招忌”，最后定稿时删去了，成了现在“开门见山”的样子。我主要是希望能就您的作品说出点新的意思，或用新的、不同的方式把已经较为人知的意思再说一番。可惜结果没有做好。——我觉得您的著作很rich，有许多题目可以写。

据说香港在筹划出版张恨水全集。张明明（恨水女）前些年由大陆到香港，现住Maryland，大约是她主持。张友鸾写了一篇长序，这期《新土》会刊出，我会寄您一份。我最近买到吴恩裕的《曹雪芹佚著浅探》，您如要看，我可以送给您。我那篇《鲁迅与Dostoevsky》白先勇后来又拿去在《现代文学》上登了一次，他现在正在台北排演他的《游园惊梦》，很热闹。

小笠、小昱都在上Day Camp，荣华接送。今天我们去一animal league领养了一只puppy，我是不喜欢pets的，但小笠吵着要，尚何言哉！敬请

大安

(附上影印二页)

信正

七月十七日

说明：

我给张爱玲先生的信该有一百多封，远远超过她给我的；但现存最早的这封已经在她给我的第四十九信之后了。此前我都没有留底，她也没有保留。

“退还的文稿”即《桃花扇——重读张爱玲》。稿子经她仔细看过，并耐心地作了修正，使我非常感动。这些年在存稿中反复寻检，竟无影无踪。我猜想是因为页数多，无法与信放在一起，而另外珍藏，日子一久，反而找不到了。

Barnes & Noble：至今仍是美国最大的连锁书店，店面往往占整整一条街，主要卖新书。这里则指一九八〇年代纽约市第十八街和百老汇大道（Broadway）转角那家，专卖二手书，也很大。九〇年代因房价越来越贵而易手，变成时装店 The Gap。

她驳域外人的文章见她一九七八年十二月十一日来信及注（108页）和一九八二年十月十四日来信及注（130页）。夏志清先生没有发表驳文，可能是已经见到她自己的。

吴恩裕：见她下信及注。

结尾括号内提到的二页影印指《传奇再版的话》，见她上信及注。

庄信正致张爱玲

一九八二年八月二日

爱玲先生，

十九日寄上一信，当天下午寄上《新土》，想都已收到。张明明和张友鸾关于张恨水的文章好像没有什么新材料。同一星期，忽然收到唐文标来信，大约是从我一位同事处知道我写了讨论您著作的文字，有感而写。其中他提到计划重印《张爱玲杂碎》并将他手边您其他旧作发表；我觉得最好还是奉闻一下，所以将他信中有关的几段影印寄上，他说要我替《杂碎》写序，我不想作。写那篇论文前我将该书快读过一次，立论上的先入之见（从他来信看，似已扬弃）不必说了，最令我惊异的是他分析作品时的信口开河。我如果替他写，必然要很不客气地提出批评，那就可能徒然得罪他，惹起争论（我也是最怕笔战，觉得常常是一种时间上的浪费），而且他有可能不采用。同时他把收集的您的旧作竟仍像是“据为己有”，也颇使我诧异。

我同文标从一九六六年认识，七〇年代疏远，一度几成路人。前年听说他患 cancer，我曾去信慰问。现在看来，像是没有危险性了。他不久前 remarried。

请不必回我信。您这样忙，我只是寄上 for your information。

信正

8.2

说明：

《新土》：纽约的一份华文月刊。我寄的是第三十七期论她的文章。关于张恨水的文章参看她下一封信。

唐文标（他后来放弃加州的教职，定居台湾）对张爱玲的自我矛盾的尴尬态度是很有趣的一个现象。他给我的这封长信就可作为一例。信上未写日期，邮戳是七月十八日。开头追忆我们十年前在伯克利的友谊，接着提起他受人影响而放弃“纯艺术论”的经过，继则谈到我们之间其后逐渐疏远的事，结尾说：“更奇怪的是，我们又再走在一起了，在陀氏中，在张爱玲中……”他听说我写了一篇谈她的文章，希望我能寄给他。他希望我为他即将再版的《张爱玲杂碎》“写一篇序，一篇跋，一个批评，一个反击。传闻张女士极之不满，我倒是坦然。希望你‘努力’。都由你决定，安排。/ 我准备将手头所有张氏著作（小说有二 [?] 篇、散文约五篇、批评约六篇，等）全部出版。也许这些东西皆你所未之见。可能你的新作又有新材料了。”

殷惠敏一九九五年十二月四日在美洲《世界日报》副刊发表的长文《张爱玲与左翼》说他听到有人“鄙夷张爱玲的作品为‘姨太太文学’”；这说法我也听到过，唐文标更必定早听到过，而且很可能受到影响。有一次给我的信里谈他不断盗印的作风时竟写道：“张娘大怒，唐某大乐！”语气近乎无赖；而且他当然知道我对她的崇敬，这话无形中像是向我挑衅。

八月二十五日我发国际邮简给唐，拒绝写序，并再度规劝他停止这种做法。他当然很不高兴，直到过年时才随贺卡来一短简，字里行间看出冷淡、失望（见一九八三年一月八日我给张先生的信及说明，145页）。对于发掘张爱玲旧作的事他在公开发表的文章里经常采取不庄重的口吻，私底下则掩不住急于居功的心理。这封短简有一句说：“不知五十年后有人做这些事否？”竟是有点自豪。但是唐文标内心深处对张爱玲无疑是看重的，我在信里也曾不止一次向她指出这点。现在二人都已物故，盖棺论定，我们不能不承认他作过贡献；纯就“张学”而言，唐文标功不可没。（他一九八四年编印的《张爱玲资料大全集》后记提到一九八二年夏天皇冠出版社经理曾告诉他，皇冠有意做“张爱玲学”的计划；他无疑是张学早期的一个重要人物。）

《张爱玲杂碎》初版于一九七六年（联经出版社）。他送我的这本未题上下款，封底里面印有“唐氏焚书”红色图章。参看我一九八二年十一月三日给她的信及说明（134页）。

张爱玲致庄信正

一九八二年十月十四日

Chang

1825 N. Kingsley Drive, Apt. 305

Hollywood, CA 90027

信正，

非常感激你寄唐文标的信来。这事我已经托了皇冠，既然他们是我的出版人。他们预备先写信去劝他不要出这本书。他如果知道是你告诉我的，希望没有太多的不愉快。收到 Luce 传，一直在看。你有平装本，实在不应当寄精装本给我，我不藏书，看过就皱损了，根本也不值得再寄还给你，太可惜了。《新土》除了讲张恨水的两篇，都值得看。那一期的《文汇》我姑姑已经寄给我了。吴恩裕以前讲曹雪芹的“佚著”的都不可靠，这本新著请不要寄来。书评题目用“桃花扇”真好。当然是应当这样切实的讲内容，讲地位等等徒然招骂。千万不要以为我认为不好。我看书向来跟观点最接近的朋友也看法不一样。评我的书要我说好，除非是我自己写的。一笑。前些时高信疆从天而降，三个人来看我，我推病没见，不久中国时报停止赠阅，你的书评恐怕也不高兴登。联副因为我没有让他们把两篇散文收入“三十年大系”，答应补报又迟迟没兑现，也不一定欢迎。只有皇冠大概会想要。域外人评《色，戒》那篇，我去复印别的东西，顺便印了一份附寄来。我答辩的一篇忘了也印一份。预备收入我正在整理的集子里，只好等出书再寄来了。我倒又要去看牙齿，新的小桥下的牙几个月内直蛀到根，要拆桥，还有别处。加上手边没做完的事，有得忙的。匆匆祝好，荣华与二修都好。你们的生活非常可喜，就是铲雪对于心脏实在危险，最好能雇得到人帮忙。

爱玲

十月十四

注解：

Luce：指美国 *TIME*（《时代》）周刊和 *LIFE*（《生活》）、*FORTUNE*（《财富》）等畅销杂志的老板 Henry Luce，中译亨利·卢斯。我寄给她的是 W. A. Swanberg 所著 *Luce and His Empire*（《卢斯与其王国》）。

《文汇》：上海《文汇月刊》上年十一月号登了张葆莘的《张爱玲传奇》，长十四页，该是她一九五二年去国以后大陆报刊上第一篇谈她的专文。我看了自然很兴奋，九月二十九日影印寄她。

吴恩裕：著名红学专家，曾发现一些有用的原始资料。一九七九年出的《曹雪芹佚著浅探》却惹起激烈的论争。前面我于一九八二年七月十七日寄一信告诉她不久前买到该书，可以寄赠。

“评我的书要我说好，除非是我自己写的”倒不是笑话；从她的几篇散文和胡兰成关于她的文字里看得出她对写作——尤其是自己的——有极其深刻精到的见解。

我那篇《桃花扇——重读张爱玲》于一九八三年六月在《中国时报》“人间”副刊分五天刊出，用笔名“韩立”。

张爱玲致庄信正

一九八二年十月三十日

Chang

1825 N. Kingsley Drive, Apt. 305

Hollywood, CA 90027

信正，

这是匆忙中写的便条：联合日报副刊痖弦（王庆麟）的朋友影印了香港的图书馆里我两篇旧稿寄了去，痖弦非常高兴，我的文债也算还了些了。《桃花扇》如果中国时报老搁着，能取回转寄联副的话，想必他们会欢迎。又，上次信上忘了提，承影印的序最后一段，原来是我自己删的，因为是关于传奇再版本封面，封面早换了。又让你百忙中费事复印，真过意不去。你跟荣华二笠都好？

爱玲

十月卅日

倒又快到"假期季"了。今年我们不写圣诞信了，两免。有事再写。又及。

注解：

两篇旧稿：指她一九四〇年代中篇小说《多少恨》和散文《华丽缘》，后来分别收入《惘然记》和《余韵》（一九八七年）。

一九八二年上半年我在一封信里告诉她我发现皇冠版《张爱玲短篇小说集·自序》中少了原先《传奇再版的话》结尾十来行。七月十九日我影印寄她，她这次信里作了解释。但是她尽可交代一下不用旧封面（其实也可重印在新自序后面）的事而仍保留那个字字珠玑的片段，不必削足适履。现在把这几行抄在下面供读者参考：

> 书再版的时候换了炎樱画的封面，像古绸缎上盘了深色云头，又像黑压压涌起了一个潮头，轻轻落下许多嘈杂啾嚓的浪花。细看却是小的玉连环，有的三三两两勾搭住了，解不开；有的单独像月亮，自归自圆了；有的两个在一起，只淡淡地挨着一点，却已经事过境迁——用来代表书中人相互间的关系，也没有什么不可以。
>
> 炎樱只打了草稿。为那强有力的美丽的图案所震慑，我心甘情愿地像描红一样地一笔一笔临摹了一遍。生命也是这样的吧——它有它的图案，我们惟有临摹。所以西洋有这句话："让生命来到你这里。"这样的屈服，不像我的小说里的人物的那种不明不白，猥琐，难堪，失面子的屈服，然而到底还是凄凉的。
>
> 作者 三十三年九月十四日

顺便指出，《传奇》初版扉页上原有 epigraph："书名叫传奇，目的是在传奇里面寻找普通人，在普通人里面寻找传奇。——张爱玲。"皇冠版《张爱玲短篇小说集》和"典藏版"（一九九一年）都未收入；前者扉页引了书里最后一篇《中国的日夜》——并非小说，相当于跋——末尾的同名短诗。

"假期季"：英文 holiday season。指美国十一月底到一月初这段时间，因为有感恩节、圣诞节和元旦三个大节日。

庄信正致张爱玲

一九八二年十一月三日

爱玲先生：

十四日来信收到了。昨天收到香港寄来的《海上花》，我翻了一下，发觉里面有些参考资料，如作者其他作品附录在后面，并附了词语的glossary和有关该书的评语（蒋瑞藻、鲁迅等），对您也许会有用，所以今天由荣华寄给您。同时寄上一本周瘦鹃的《花木丛中》。可能您已经知道：一九六八年张春桥对上海的红卫兵说：放着周瘦鹃，为什么不去斗？周在苏州家中听到他们要来，头一天就跳井自杀了。这两本书请不必还我，我常向香港订书，可以再买的。关于唐文标，我猜想他当时可能也是一时兴起，未必已有具体的出书计划。我那次给您信以后随即复了他一信，建议他（1）如要重印《杂碎》，就应改写；(2）您的其他佚著不应像从前那样随便刊布。我当时希望他能和您联系一下，也许在您许可的情况下重印一些（或全部），因为对我来说，您的片纸只字都是值得看的。唐对您据说已改变看法，曾推荐一个年轻作者看您的作品。此人的缺点是太“乱”，太冲动。他的病好像还没有复原。我并没有觉得您认为我那篇文章不好，倒是非常感激您百忙中为我看稿。上周夏先生说要写信给高信疆催他刊登，盛情难却。前两天我把稿子寄给夏先生看，他也有reservations，例如说我的看法同他几乎完全一样等。《时报》拉稿的朋友说海外版计划刊登，因为他大体上作得了主。域外人那篇文章内容完全是predictable，其实不值得答辩，但《色，戒》有的地方确实不容易懂，所以您的集子出来以后我一定先看这一篇。我们那只 puppy 养了一周就送还了。您的牙作好了吧。

信正

11.3

说明：

关于《海上花》，她在几次信中都谈到；例如她一九八二年十二月二十日的来信（140 页）。

《张爱玲杂碎》初出便有人指出其狭隘偏颇而又难以自圆其说的论点。朱西宁在一九七六年十月号《书评书目》中更作了严正犀利的驳斥。但显然销路不恶，一九八三年唐又改用《张爱玲研究》的比较严肃的书名再版。然而在《批评天晓得：新版自记》里夹枪带棒，对批评他的人——可能连我在内——进行反击，仍然不脱他一方面尽力发掘张爱玲作品、一方面又对自己辛勤搜得的文献冷嘲热讽的怪诞嘴脸和轻佻语调。这次也没有送书给我。

庄信正致张爱玲

一九八二年十二月十三日

爱玲先生，

您十月卅日的信收到了，那两天我寄上的信想您也已收到。您的旧作我已看到《华丽缘》和《殷宝滟》下半篇，更证实了我多年来的想法：您以前的作品都值得重新刊行。这两篇我和荣华看后都欣赏，觉得毕竟是您的手笔，不同凡响。

寄上两份剪报，一是从前剪的，主要是里面提到日本出的文学史中关于您的家世。另外就是最近的《中国时报》关于唐文标印行《张爱玲卷》的报导。我昨天看后颇吃一惊，真没料到此人已 desperate 到这种程度，令我只有 speechless。

另外寄上两本 paperback 书，我寄给您的书，都是猜度您可能有兴趣翻阅而不必寄还给我，这样才寄（例如这两本都是我买重的 copies），所以务请不必在意，也不必在信中 acknowledge。

因为您的新作（旧作）出来，我前些天已写信给《中国时报》负责组稿的金恒炜，叫他如一时登不出来，就把我那篇长文退还，我想改写，将这些“新出土的文物”一并讨论在内，他还没答复。我想我还只得去买一本唐文标编的《张爱玲卷》，多么 ironical 的滑稽事！

请不必寄年卡了，我们就也在此向您拜年，不另寄卡。祝

安好

信正

12.13

说明：

《华丽缘》是篇精彩的散文，首次发表时（一九四七年）有副标题“——这题目译成白话是‘一个行头考究的爱情故事’”。这年加以修订，一九八七年收入《余韵》。短篇小说《殷宝滟送花楼会》初发表时（一九四四年）也有副标题“列女传之一”；一九八三年“补写”，当年收入《惘然记》。

报上又有唐文标盗印她旧作的消息。查日记，这天上午寄出此信，晚上与夏志清先生夫妇在电话上谈这件事；十时和十一时二十分电张先生两次，没有人接。我把剪报寄了给她。参看我下一封信。

庄信正致张爱玲

一九八二年十二月十六日

爱玲先生，

十三日寄上一信及剪报，是关于唐文标已经把您的旧作以《张爱玲卷》为名出书的事（远景出版社），想已收到。当天由荣华写信给她三妹代我买这书，顺便也叫她另买一本以航空直接寄给您，如果您还未订买，就可以不必托人了。

我同夏先生通过电话，他当然很气，说您应该告他。——我不知道唐的健康情况近来如何。

听说《桃花扇》原稿就要退还给我，但却已经排了版，一月刊出（这是那朋友的太太说的，有弄错的可能），那时您的许多旧作早已再出，我的文章也成了旧作了。本来想要求他们抽出不登，但与这朋友不太熟，而且怕啰嗦，只好算了。夏先生要我向您提一下：卢燕很想拜见您，请他美言一番，他已写信跟您提了，要我也说说。卢这人很纯（有点 immature），我猜她是希望哪天能演您小说中的角色。十三日给您打过电话，没人接。祝福

信正

12. 16

说明：

卢燕：英文名 Lisa Lu。曾在好莱坞演过电影；住家离张爱玲的公寓很近。她是美国名作家亨利·米勒的好友；我住洛杉矶时认识她，

从而见过米勒两三次。有一次放映关于他的纪录片，过后我当司机同她去他家聊天，那晚米勒另一好友、英国名作家达雷尔（Lawrence Durrell)也在。卢过去这些年在大陆台港等地演过不少电影和电视剧。

张爱玲致庄信正

一九八二年十二月二十日

Chang

1825 N. Kingsley Drive, Apt. 305

Hollywood, CA 90027

联副已寄了本《〇〇〇卷》来。万一还来得及的话，请嘱三妹少买一本。书评如来不及改写，或可另写一篇关于新资料，也许给联副。我最近告诉他们你那篇长文港台读者看不到。那本海上花上的原书插图太珍贵了！匆匆

祝

阖第新禧

张

廿日

注解：

以明信片作为年卡。未写上款，下款只签了姓。

《〇〇〇卷》：即《张爱玲卷》。其中收了她的小说二种，散文二篇，以及胡兰成和苏青等人的文字。后来她把小说《多少恨》和《殷宝滟送花楼会》收入《惘然记》，把散文《华丽缘》（张爱玲称为小说，似不妥）和《我看苏青》收入《余韵》。参看一九八二年十二月十三日我寄给她的信及说明（136 页）。

我刚从香港邮购到北京人民文学出版社新出的《海上花列传》，

里面附录的资料很有价值，当天立即寄给她参考。次年她的国语译注本每回的两张插图就是其中所收的。除了该书和周瘦鹃的散文集《花木丛中》以外同时还寄了 William Manchester 的 *The Death of a President*，写美国总统肯尼迪被杀经过。

张爱玲致庄信正

一九八二年十二月二十三日

Chang

1825 N. Kingsley Drive, Apt. 305

Hollywood, CA 90027

信正，

又想起来如果信上需要说得具体点，就请酌用这些：

（一）今年初香港中大“四十年代沦陷区文学”讨论会有余光中梁锡华等。大陆代表诗人王辛笛说希望在座者劝张〇〇回国一行。

（二）八月，哈佛 exchange scholar 北大中文教授乐黛云托郑绪雷告诉我，中国作家协会有意邀请回国访问。（当然不提我已经回掉了）

（三）我姑姑与老友结婚，姑父李开第是工程师，这两年八十来岁还出任顾问，最近“接受了个任务”——没说是什么。

我不是等着回音。志清如果不主张写信，请等下次来信告诉我好了。又收到 Stilwell 与纽约客两本书。荣华二笠想必都好。

爱玲

十二月廿三

丘彦明常来信，过天有空再讲。

注解：

此信用限时专送，与前面的贺年短简于十二月二十七日同时收到。此前我在一九八二年十二月十六日一信及说明里提到我十三日给她寄过信，打过电话没有人接；该信发出后二十一日晚再打电话，这次她接了，谈了四十多分钟。由于内容比较重要，我立即用另一张纸记了大体内容：(1) 她姑姑和弟弟来信，虽然未明文要求她回大陆，但看语气显然受到指示要拉拢她；(2) 宋淇给皇冠出版社写信时提到大陆在向她统战，如果她的版权问题不能合理地解决，则她不无可能返回大陆；(3) 沈登恩给她来信道歉，说《张爱玲卷》书稿已经搁置两年，唐文标声言再不付印就要索回改交别人出版；(4)《联合报》副刊已寄《张爱玲卷》给她，并说要刊登推介文字；她建议用我的《桃花扇》。我说想把该文增订，或者另写一篇谈新发现的她的作品；(5) 她的著作的版权皇冠想要买断；(6) 我再度告诉她，听说卢燕希望能演她小说中的人物，如《沉香屑：第一炉香》的梁太太；张先生说宋淇也有意把这故事搬上银幕，卢燕可直接同他联系。

乐黛云（最后一字张先生用了这个简体）：比较文学学者，北京大学教授。这一年在哈佛大学做交换学者，结识郑绪雷。张给郑的回信里托他代为婉辞这一邀请。

李开第：工程师。一九二四年去英国途中与张爱玲的母亲和姑姑同船；后来张去香港大学读书，她们托他就近照顾。一九七〇年代末期与张的姑姑（七十八岁）在上海结婚，现都已去世。参看一九九四年十月五日张爱玲来信（323 页）。

唐文标到处积极搜求张爱玲当年在上海的旧作，颇有收获。张先生的收入很有限，而唐原为大学教授，生活宽裕，不但不该、而且不必把她的作品据为己有擅自发表。及至她收进自己的书里，他居然反客为主，认为是她“侵犯了他的权利”。(见《惘然记》前言。)

显然是做贼心虚，他盗印时往往在序跋里惹眼地列一堆人名，表示他（她）们支持或至少默许这种行为。例如《张爱玲资料大全集》扉页列了二十一人，而意犹未足，《后记》又举了几人。尽管在谈话和写信时屡屡劝他尊重著作权，我也不止一次在榜上挂名。

当时台湾的出版法模糊暧昧，执行更不严格。一九八二年底我想到或许可以托当时台湾文化界一位相识者出面斡旋。二十一日在电话上张先生同意试试看，但我们都觉得没有太大把握。所以继电话之后她来这封限时信为我提供材料以便说服要托的人。

她收到的两本书是美国名历史家塔奇曼（Barbara Tuchman）所著 *Stilwell and the American Experience in China* 和著名周刊 *The New Yorker*（《纽约客》）资深编撰吉尔（Brandon Gill）关于该周刊的回忆录 *Here at the New Yorker*。

丘彦明当时任《联合文学》总编辑。

庄信正致张爱玲

一九八三年一月八日

爱玲先生，

信片和信都收到了。跟夏先生谈过，他不主张用那个办法，认为不会有效；他倒觉得由皇冠同远景交涉最好，两家都财雄势大，通过钱去解决该可成功的。前些天接到唐文标一张信片，本来不想让您看了生气，不过此人的 desperation 跃然纸上，还是决定向您“传达”一下。为了“传真”，影印附上。《张卷》前天寄到，看后觉得唐颇像当年鲁迅斥杨邨人那样，是“文摊上的一个小贩”，可鄙亦复可怜，他的序跋就在在显出自己的胆虚心惊，name-dropping 更纯粹是为自己身上贴护身符。但如果撇开盗印一事不谈，这本书倒是有价值的。您的所有旧作，都极该重刊，这不消说了。连他胡乱编进去的苏青作品我也很喜欢，没想到她的文字这么清爽明快。但是把《民国女子》载入则又是标准的唐氏恶劣作风，因为《今生今世》已经有书出来，又拿来占这么大篇幅，岂不是损人（尤其读者）利己的下流行径吗？胡的文章偶有可读之处，写您的片段颇传神，有参考价值。但总的说来我不喜欢，觉得他有一种“怪味道”，特别是他的“自赏”，透着不够成熟。（有时如果我对您直言不讳，务请不要介意。）另外我感到“欣慰”的是《张卷》中只刊了您三篇小说，未出联副“钦定本”（一笑）的范围。他张扬了半天，也不过多出一篇《我看苏青》（这篇极好）和两篇谈话录。因此——也因为别的——我看到书后觉得他用“卷”字也不无道理，您的作品只占一部份，其他是关于您（和苏青）的，似乎不像先前那样怒火中烧了。——老实说，昨天读着您的文章，把恨他的事完全忘了。《多少恨》予人 hurrying to the end 的印象，尤其虞老先生每次突然出场，都像是在匆匆忙忙破坏好事。这篇如是长篇就会好得多。我已向《时报》讨回《桃花扇》稿，因为他们说海外版也要等三月才能登。我想放一阵子再说，反正没有时间性。祝新年安好

信正

1.8

说明：

此信我留了底。她只保存了唐文标的短简；其开头一段说："来信早收，一直想跟你痛快一吹，但我心乱身体又不好，人生如此也。书已出，张姑奶奶大骂，视为没天理没良心之作，可发一噱。不知五十年后有人做这些事否？我对此只贪好玩而已。故只好如此，不理可也！（书即付上？一笑。）"还是重弹"张娘大怒，唐某大乐"的老调子；但"不知五十年后有人做这些事否？"则不但有点"孤芳自赏"，而且在二十七年后重读，不免联想到《红楼梦》脂批的声口。

"那个办法"即上信所说我写信托那位相识者调解。但夏先生和我都顾虑到此人其时正在政府任职，出面可能有敏感性。

关于胡兰成，上年八月一日她给宋淇夫妇的信里提到有人送了六本书给她，其中"有三本是胡兰成化名写的，关于禅、中国小说史、礼乐。随手一翻，就看见许多引《红楼梦魇》与我别的书。我马上扔了，免得看了惹气"。

hurrying to the end：《多少恨》很有潜力，可以写成比夏洛蒂·勃朗特的 *Jane Eyre*（《简·爱》）更好的长篇。（张爱玲比勃朗特有才气。）可惜结尾匆匆收场，没有从容地推展铺张。

张爱玲致庄信正

一九八三年一月十三日

Chang
1825 N. Kingsley Drive, Apt. 305
Hollywood, CA 90027

信正,

一月八日的信与 The Covenant 同时到。Michener 的书就这一本图书馆没有,因为南非。我看到了非常高兴。Stillwell 那本书看完了,真感动人。我电话上忘了说,宋淇写那封信的原委不能告诉任何人,不然万一给皇冠方面听见了,不但不肯出力,而且伤感情,破坏了人家多年的友谊,我实在太对不起宋淇。志清"事无不可对人言",我当时在电话上就有点担忧,但是因为珍视宋楚瑜这重关系,觉得不能不问志清一声试试。这时候才着急起来,寄快信去恐怕也没用,姑且寄了去。希望你再跟他说。我信上说了同时写信给你。匆匆去寄信——祝好,荣华的妹妹的书早收到了。

爱玲
一月十三

丘彦明业务上常来信,仿佛很神经质。

注解:

同上信一样也是限时专送。

The Covenant:美国畅销作家米切纳(James Michener)的大部

头历史小说。背景是南非；人物以当地白人（Afrikaner，荷兰等欧洲国家殖民者的后裔），兼及土著、“有色人种”（指黑白人种历代杂婚的后代）、英国人以及印度和中国去的外籍工人（在亚洲人当中，中国人和印度人属于“有色人种”，日本人则算作白人）。时间从史前期直到一九七〇年代。此书我未读过，但显然十分热闹如米切纳其他作品。张先生说她住处附近的公立图书馆没有，“因为南非”，意思该是一般美国人对于非洲这种遥远而落后的地方漠不关心。

Stillwell：应作Stilwell，十二月二十三日她那封来信注解提到的塔奇曼那本书的书名。参看一九七一年五月七日张爱玲来信的注解（66页）。

夏志清先生曾把张爱玲于此信同一天给他的信里关于宋淇那封信的原委的片段抄寄给我，措辞与此信几乎雷同。同时附印了不久前宋淇给他的长信，其中详细地解释张的版权问题和台湾出版法的复杂性，强调“在目前情况之下我们应听其自然，连Eileen都应置身事外，以免节外生枝”。夏先生也把宋所抄寄的他给张一信中有关的两页转寄给我参考，一九九八年把张一九八三年一月十三日给他的信影印寄我，内容与给我的相同。

此前宋淇于一九七八年写过《唐文标的方法论》一文，对唐的盗印行径和诡辩言论痛下针砭。（见林以亮《昨日今日》。）张爱玲一九五二年从上海出走之后获得很多人推重和支持，但首先要数宋淇和夏志清，二人对她生前身后名的贡献早已成为公认的事实。宋淇原名奇，又名悌芬，英文名Stephen，笔名林以亮，是作家、制片家，戏剧家宋春舫之子。张到香港不久便同他和邝文美夫妇成为莫逆之交。其后四十年内她与宋邝之间通信多达七百多封，六十多万字。

一九五〇年代夏先生在写 *A History of Modern Chinese Fiction*，宋把《传奇》和《流言》寄给他，他读了“全身为之震惊，想不到中国文坛会出这样一个奇才……”（水晶《张爱玲的小说艺术》序。）

宋淇同张爱玲一样也是《红楼梦》专家，有论文集《红楼梦识要》。一九七〇年代与高克毅先生创办以英文介绍中国文学的半年刊 *Renditions*（《译丛》），至少有四期登过张的英文创作和翻译（如“Stale Mates”、《桂花蒸　阿小悲秋》《海上花》片段）；她去世后立即出过纪念专号。高先生笔名乔志高，是著名散文家和美语专家，同张爱玲也很有缘分。她初到美国为美国之音做编剧、翻译等散工期间高先生在该机构负责编辑，时相往来。他在悼忆文字《张爱玲的广播剧》（《联合文学》，一九九五年十月号）着重谈了她改编苏联作家索尔仁尼琴成名作《伊凡生命中的一天》（英文译名 *One Day in the Life of Ivan Denisovich*）的经过。译文经他保存，已收入陈子善所编张爱玲文集《沉香》（二〇〇五年）。高夫人李梅卿是张读上海圣玛利亚女中时的同学。（高先生夫妇都已去世。）（二〇一八年按：宋以朗二〇一五年新著《宋家客厅》页 291—294 所引张给他父母的信中对高屡屡贬斥，恚怒之深，使我大吃一惊。书里提到连他父亲都感到意外。高二〇〇八年辞世；八月我曾发表过一篇文章《重看〈最新通俗美语词典〉——兼悼高克毅先生》）。

“事无不可对人言”：《宋史》卷三三六司马光传引他自许“平生所为，未尝有不可对人言者”。《红楼梦》第二十二回贾母为薛宝钗庆生，演戏助兴。贾母指出有个幼伶长得很像一个人，大家都知道是谁而不作声，只有史湘云脱口而出说像林黛玉。庚辰手抄本有脂批“事无不可对人言”，意指湘云心直口快；她是《红楼梦》最讨人喜欢的人物之一。

荣华三妹筱华在台北买了两本《张爱玲卷》，一本寄给我们，另一本直接寄给张先生。次年唐文标托人送我一册。

庄信正致张爱玲

一九八三年一月二十六日

爱玲先生：

十三日的信收到了（您两次寄的“限时专送”信都是四五天才到，比平信反而慢，邮局简直在骗人），并已与夏先生联络过。高信疆已经不编“人间”，二月十日开始由金恒炜接编，他日前来纽约，谈到远景因诺贝尔文学奖的书大亏本，马上就要倒闭。（白先勇的《现代文学》原由远景资助，也停了。）不知道这事对皇冠与远景间的交涉会有什么影响？是否后者想借《张卷》尽量捞回些本钱？或者反正要倒，不怕有什么别的后果了？我一位同事日前去台湾探亲，回来说台湾的出版界完全无法无天，他提到的一些奇事令人啼笑皆非。(1)甲书店出了书，没有去注册（用意可能是逃税，或别的），乙书店把书盗印，但去注册了，丙又盗印，乙就出来告丙，甲反而只好旁观；(2)甲出了本翻译，乙将其中三五段乱改一通以后盗印出版，在报上大作广告，要读者将那三五段同甲的原译本比较，说自己的才是真货，暗示甲倒可能是盗印；(3)书店盗印，被告到法院，而出庭的是一老翁，说那书店已转卖给他，对盗印事一问三不知。据说还是皇冠底子最硬，您当年让他们作出版者确是明智。据说端木蕻良正在续《红楼梦》，金恒炜建议余纪忠（他老板）在《时报》上转载，余怕事，不答应。我觉得端木未免自视太高，《红楼梦》并不是随便谁就可以续的。上次电话上我提到您是唯一的“人选”，这是很 obvious 的。您至少不妨在暇中随意地试写写看。吴世昌对后四十回的猜测有的颇新鲜，例如说宝钗在宝玉死后落魄不堪，竟至嫁给飞黄腾达的贾雨村为妾，而且列举脂批等为证。我还是比较喜欢您在《梦魇》里的拟想，觉得近乎雪芹的原意。谷崎润一郎曾将《源氏物语》译成现代日文，我们这部宝书真也该有像您这样的大手笔来续完。这工作鲁迅、沈从文、张恨水等人都不能胜任。

敬请

近安

荣华嘱问候

信正

1.26

说明：

端木蕻良没有发表过续《红楼梦》的作品；这里可能是误传，或指他的长篇小说《曹雪芹》，其上卷和中卷分别于一九七九年和一九八五年出版。

张爱玲致庄信正

一九八三年四月五日

Chang

1825 N. Kingsley Drive, Apt. 305

Hollywood, CA 90027

信正，

上两次收到的书还没看完，倒又收到三起。The Arrangement 我看过，想连同两本复刊赠阅的 Vanity Fair 寄还，万一你没看过，也还不知道什么时候有空寄。此地寄来的书就搁在信箱下长凳上，英文书常被窃，你的书倒一本也没丢，托福。新近这条街上两次白天路劫，一次是我们公寓的房客。邮局又来信说三月一日这两条街的邮件被偷掉，因为一日、十五日是发救济金的日子。皇冠买下了唐文标本来预备出的另一本《张爱玲资料大全集》，我不希望他们出版。《张爱玲卷》里我那几篇作品要等我自己出了书才能要求他抽出。匆匆祝

好，荣华二昱都好。

爱玲

四月五日

注解：

我三月十七日寄给她两本书，其一 *The Arrangement: A Novel* 是希腊裔美国著名电影导演伊莱亚·卡赞（Elia Kazan）的半自传

性长篇小说，一九六九年自编自导搬上银幕；另一本是畅销作家华莱士（Irving Wallace）长一千页的小说 *The Prize*，以诺贝尔奖为主题。次日寄她一篇谈她小说技巧的文章（未记其名）和三本书：Harper Lee，*To Kill a Mocking-Bird*（曾改编电影）；H. T. Moore，*The Intelligent Heart*（D. H. Lawrence 传）和 Diane Johnson，*Dashiell Hammett：A Life*（美国著名侦探小说家哈米特传）。四月七日寄她两本书（日记未记书名）；八日收到此信。

Vanity Fair：《花花世界》。美国曾有两份周刊用这名称，这里所说的一份于一八五九年创刊，一九六三年停办，后来恢复，改为月刊。显然是因为她当年出过 *The Rice-Sprout Song*，得过麦克道尔文艺营（The MacDowell Colony）及 Huntington Hartford Foundation 等著名机构的奖助，列她为赠阅户；可能也希望她投稿。她寄给我的是这年三月号和四月号，至今还保存着。撰稿者多为一时之选；三月号有上年刚得诺贝尔文学奖的加西亚·马尔克斯（García Márquez）的中篇小说，我最推重的当代美国作家维达尔（Gore Vidal）的游记和美国著名诗人梅里尔（James Merrill，其父为美国大投资公司 Merrill Lynch 创始人之一；和张爱玲一样对 telepathy，即“心灵感应”很有兴趣）的诗；四月号有印度裔英国小说家奈保尔自传的序曲。

《张爱玲资料大全集》经过交涉，上市不久便停售。我托人在台北买到，上面的印刷日期是一九八四年六月十五日。次年唐文标寄了几册托他一个朋友转送我一册，我因为已经有了，没有接受。此书是大型的四开本，长三百八十三页；卷首有七十六页插图，包括照片和张爱玲的画等，次为影印的她当年在上海各杂志发表的作品，复次为与她相关的文字。其中有些资料至今“钦定本”里仍未收入。

例如《女装·女色》和《浪子与善女人》虽然原是她挚友炎樱（Fatima Mohideen，张译其姓为摩希甸）的英文散文，但既是出自她的译笔，就自有其价值。《余韵》代序所说不收的理由并不充分，至少应该作为附录。甚至连她中学时期的少作，读者和研究者也会有兴趣。另外，当年《天地》所刊她和炎樱的对话录《双声》收入《余韵》时，第六十一页有半页空白，第六十三页至第六十四页有近一页空白；《大全集》中前者有原文，唐作的不完全的揣度也不无参考价值。

张爱玲致庄信正

一九八三年四月二十一日

Chang

1825 N. Kingsley Drive, Apt. 305

Hollywood, CA 90027

信正，

Iris Murdoch 是我看不进去的名作家之一，以后千万不要再给我。白扔了可惜。海上花连载要快年底才登完。你跟荣华与两小都好？

爱玲

注解：

此前我于十日给她一信，次日寄她蔡尔康所著《李鸿章历聘欧美记》。“书是最好的朋友”（《张爱玲语录》），她的一生离不开看书写书。我给她寄书的取舍标准首先是她可能用到的如《红楼梦》研究，其次是她的家世，再就是她可能有兴趣浏览的书，往往选雅俗共赏的小说、传记，或报道文学。默多克（Iris Murdock）长期任牛津大学哲学教授，也是有名而畅销的小说家。我几乎每天逛书店，常看到她的新旧作品。她晚年患痴呆症，一九九九年殁。其夫贝利（John Bayley）为英国名批评家，也长期任牛津大学教授；曾出过两本关于她的回忆录。参看张先生一九八三年六月六日（158 页）和七月二十四日（166 页）两封来信。

她的国语译注本《海上花》连载完毕即于这年十一月出版。

张爱玲致庄信正

一九八三年六月六日

Chang

1825 N. Kingsley Drive, Apt. 305

Hollywood, CA 90027

信正，

又收到书。上次我说 Iris Murdoch 看不进去，结果发现可读性很高，倒先看完这本。以前翻看过一本她的书。不知怎么看走了眼。又在看牙齿。唐文标事一团糟，我都没精神说了，先写张便条来问好。

爱玲

六月六日

注解：

五月十七日寄她两本中文杂志，四本英文书，其中包括 Murdoch 的一本小说，她发现“可读性很高”，可惜我已忘记是哪一本。

唐文标事：除了她的书信以外，《张看》《惘然记》和《续集》的自序及《余韵》的代序中都对唐的行为提出抗议。

庄信正致张爱玲

一九八三年六月十日

爱玲先生，

您寄来的两期Vanity Fair收到了，多谢。这杂志分量很重，我很喜欢。尤其那时正在看一些关于García Márquez新著Chronicle of a Death Foretold的书评，新书太贵，不愿花钱去买，所以收到后立即一口气看完。最近一直想写信给您，但以为《桃花扇》一文会登出来，一并寄给您，而至今并未见报。昨天又收到您六日的信，正好今天要寄上一批书刊，所以先写这封信。Murdoch的作品我一点也没看过，不敢置一词。这两年来我有个计划，就是把喝咖啡和看闲书的时间用来"恶补"——将西洋文学经典作品多看一些，因为我读书时期太不用功，几乎什么也没看，所以想把普通常识性的名著至少随时找时间通读一遍。但因为不能用大量时间，至今只看了荷马二书，莎剧九个，圣经三分之二。年龄已渐老大，而一事无成，心里的不安是难免的；我想这几年不管好坏，多写些东西，尽管作full-time工作是写作的最大障碍，也决定勉力以赴，试试看，因为再不试，此生就来不及了。日前一个朋友告诉我唐要出《张爱玲评论大全集》，而那是您来信说他已答应让给皇冠以后的事，所以怀疑他还是要出的。他明目张胆地印您的作品都没法子防治，现在是评论您的文字，恐怕更只好由他。我站在您的忠实读者的立场，倒愿意有这么一本书；老实说，如果是在法国或日本，您的著作老早就会有编印俱佳的全集和评论文字了。《张卷》出书后不消说又畅销(见与书同寄的剪报），连他托人转交的送我的那本都已经是第二版，而那时才是今年一月。近来听说他身体又不好。此人如果这样作下去再过二十年，很可能在台港成大名，也可能成为一个 phenomenon。他送我的书上题词曰："纪念一碰就发光的友谊"，颇有趣。我已快一年没有写信给他，近来颇想趁着谢他送书的机会给他一信，但关于您的书的事去年我那样严厉的规劝都没有用，现在更不会有效了。不过我会提提，如果真给他信的话。夏志清先生月中动身去远东，会去大陆（母、妹在上海），七月十八日回来。他说看到您关于《惘然记》的新作，他走后我想请他太太寄我一读。

牙齿不好真是劳民伤财的事，但也没有法子，希望您找的医生认真踏实，能补得一劳永逸。敬祝

安好

信正

6.10

荣华嘱问候。修笠、修昱快放假了，但要去 camp 上半天学，其实是玩。

说明：

此前四月二十日唐文标托人送给我《张爱玲卷》，扉页题词是："送给信正：/ 纪念一碰就发光的友谊。/ 唐文标。1983。"封底印有两个图章，一个是他擅自代刻的"张爱玲"，另一个是"百卷限定本"；我的是"第十八本"。

《张爱玲评论大全集》：一九八四年六月出书时名《张爱玲资料大全集》。参看一九八三年四月五日张爱玲来信及注（154 页）。

张爱玲致庄信正

一九八三年六月十七日

Chang

1825 N. Kingsley Drive, Apt. 305

Hollywood, CA 90027

信正，

很高兴你喜欢那两本杂志。那篇诺贝尔奖小说的插图也非常好，细看才看得出来。《惘然记》已出版，过两天就寄本给你们。剪报不用还我了。匆匆祝

好

爱玲

六月十七日

注解：

寄小说集《惘然记》自序（即她说的“剪报”）时所附的便条。继于七月十九日收到她签赠的书，扉页上除上下款之外还提醒我们“最后改写部份都勾了出来”。就《色，戒》而言，当初在杂志发表后签赠的剪报上已经作了增订，这次在书里又标出几处修改。例如页三三有八行上面划一横线，在横线上面又划一勾号；页三四至页三五分别在三行上面划了勾号；页三六至页三七则从“英文有这话：‘权力是一种春药’”开头的这段到“只有现在”开头的这段中间七段共十九行上面也划一横线再加勾号。参看她一九七八年七

月十八日（102 页）和一九八二年七月五日来信及注（119 页）。另外，她在此书所收《相见欢》近五页上面同样划了横线加了勾号（页八九至页九三）。电影剧本《情场如战场》则在第三十二、三十四和三十九场表明作过修订（页二七九，页二八〇，页二八五，页二八六，页二九三，页二九四）。

她送我的两期 *Vanity Fair*（见她一九八三年四月五日来信及注，154 页）之三月号以近一百页篇幅刊出加西亚·马尔克斯的中篇小说 *Chronicle of a Death Foretold*（《一桩事先张扬的凶杀案》），并配有哥伦比亚名画家博特罗（Fernando Botero）所绘的几幅插图。张爱玲是第一流画家，她画的社会众生相和为自己作品画的插图可以传世。至少在小说人物方面她比博特罗还要传神。她还擅长为杂志和自己的著作设计封面，包括晚年的《张看》和《红楼梦魇》。这一点她很有“自知之明”；一九三九年至一九四二年在香港读书时作了许多画，当时就“确实知道那些画是好的，完全不像我画的，以后我再也休想画出那样的图来”。（《烬余录》）现在有很多《红楼梦》人物的画像，没有什么好的；如果她画，相信会精彩得多。

庄信正致张爱玲

一九八三年七月八日

爱玲先生：

信和序文剪报都收到了，多谢。我那篇文章《时报》终于刊出，兹寄上剪报。与原先的初稿不同之处是尽量将到三月为止的您的新出作品引证进去；另外，因为您曾提到“不澈底”那点，所以加强了一下。金恒炜这次显然把这篇稿子尽量 played up，虽然主要原因是您的 awesome prestige 发生作用，我对他仍很感激。据他太太来信说，他们有些亲友读后表示满意。这使我心里轻松了些，要是反应太坏，不但对不起您，也对不起他——他初接编，pressure 自然是很大的。您那篇序写得极好，关于盗印的几句更显出您的大气量。这样提一下对方很该知道检点了。我怀疑他心理有点不正常（癌症等因素）。但是您在前言中解释改动书名我以为不必要。同名的书太多了，前人用过（有的用得根本未必恰当）后人也可以用，何况您举的先例都不是重要典籍。我觉得先前的《半生缘》和这次的《惘然记》两个书名都不 apt；您的文章题目一向极为贴切传神，因此我的期望也特别高。您提到 Vanity Fair 中的插图，我不懂画，但看得出很 striking，而且很配合小说的情节和气氛。志清先生现在在大陆，好像十八号返回。十几天前寄上三包书，想已到。如果您有特别想看而借不到的书，请随时告诉我，我几乎每天逛书店，买书寄书都方便。荣华想有张您的照片，无论什么样的，但您手边未必有。

信正

7.8

说明：

这是宋以朗退还的张先生所保存我给她的最早一封信；我自己也留了底。

“信”指她上一封信。“序文”指她这年五月二十六日在《联合报》副刊发表的《惘然记》；同年收入同名的小说集。（附电影剧本《情场如战场》时仍用这个标题，而删除了开头五段按语。）其中解释书名屡屡更改的经过，不无参考价值，而且我的信里提到其中的内容，所以影印在后面。

谈盗印的片段中的“他”指唐文标。

一九六九年她出了根据《十八春》改写的长篇小说《半生缘》，书名也曾先考虑过好几个，包括《浮世绘》《悲欢离合》《相见欢》《急管哀弦》和《惘然记》。

“我那篇文章”指《桃花扇——重读张爱玲》。（参看她119页一九八二年七月五日和130页十月十四日来信及注。）文章和我的信放在同一封套里。封套上的邮票被剪掉。（我的信通常在办公室寄出，用联合国自己发行的邮票。）该文后来收入文集《海天集》。

十几天前寄上三包书：查日记，六月十五日寄她一包书，二十九日寄三包书，但未记书名。从她下一封信看来，显然有Murdoch的长篇小说。

我鼓勇以荣华的名义请她送一张照片；“但您手边未必有”这句话是怕她为难，先为她和我自己留了台阶。

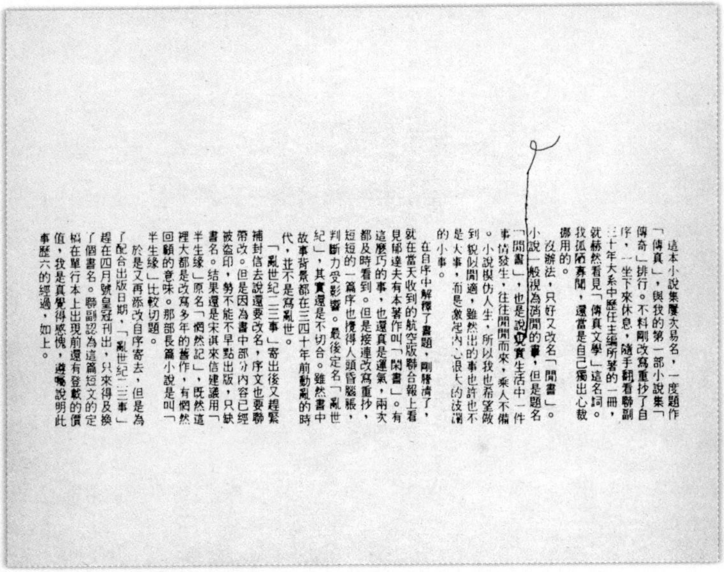

這本小說集屢次易名，一度題作「傳真」，與我的第一部小說集「傳奇」排行。不料剛改寫重抄了自序，一坐下來休息，隨手翻看聯副三十年大系中歷任主编所著的一冊，就赫然看見「傳真文學」這名詞。我孤陋寡聞，還當是自己獨出心裁挪用的。

沒辦法，只好又改名「閒書」。小說一般視為消閒的書，但是題名「閒書」，也是說現實生活中一件事情發生，往往閒閒而來，乘人不備。小說模仿人生，所以我也希望做到貌似閒適，雖然出的事也許也不是大事，而是激起內心很大的波瀾的小事。

在自序中解釋了書題，剛謄清了，就在當天收到的航空版聯合報上看見郁達夫有本著作叫「閒書」。有這麼巧的事，也還真是運氣，兩次都及時看到。但是接連改寫重抄，短短的一篇序也攪得人頭昏腦脹，判斷力受影響。最後定名「亂世紀」，其實還是不切合。雖然書中故事背景都在三四十年前動亂的時代，並不是寫亂世。

「亂世紀二三事」寄出後又趕緊補封信去說還要改名，序文也要聯帶改。但是因為書中部分內容已經被盜印，勢不能不早點出版，只缺書名。結果還是宋淇來信建議用「半生緣」原名「惘然記」，既然這裡大都是改寫多年的舊作，有惘然回顧的意味。那部長篇小說是叫「半生緣」比較切題。

於是又再添改自序寄去，但是為了配合出版日期，「亂世紀二三事」趕在四月號皇冠刊出，只來得及換了個書名。聯副認為這篇短文的定稿在單行本上出現前還有登載的價值，我是真覺得感愧，遵囑說明此事歷次的經過，如上。

张爱玲在台湾《联合报》发表《惘然记》后签赠庄信正的剪报，开头有五段按语。

张爱玲致庄信正

一九八三年七月二十四日

Reyher

1825 N. Kingsley Drive, Apt. 305

Hollywood, CA 90027

信正，

《桃花扇》非常具体切实有力，而且 comprehensive。搁在他们那儿这些时，这时候刊出倒刚好给《惘然记》作广告。三起书都收到了，陆续都在看。Iris Murdoch 并不怎么好，不过热闹，有点像社会小说。有一本实事 1930's African safari 英国勋爵杀妻疑案，书名忘了，不久以前在畅销书名单上。以后想起来再请你去找。本来想送荣华一张每样有好几张的老照片，一时找不到了，只有这一张有两张。牙齿好容易又看完了，倒是一直不疼，至多隐隐作痛，不过麻烦头痛。散文集明年春天出，还有两篇要写。英译《海上花》也还需要整理。匆匆祝

好，二笠想必还在夏令营。

爱玲

七月廿四

注解：

从此信开始发信人名字改用 Reyher，直到去世。

我的长文《桃花扇》一九八二年六月七日动笔，投稿后屡经迁

延才于次年六月二十三日至二十七日刊于《中国时报》“人间”版；发表时用笔名“韩立”。

comprehensive：全面性。

《惘然记》这年六月出版，收新旧小说六篇；附录的电影脚本《情场如战场》占全书篇幅四分之一。

我给她的信里自承对Murdoch一窍不通。张先生认为她“热闹，有点像社会小说”，该是中肯之论；Murdoch常写侦探或爱情故事，注重心理分析。

African safari：非洲狩猎旅游。二十世纪上半叶欧美有闲阶级往往爱去非洲东部或中部猎杀当地野生动物，引以为乐、为荣。

上面我七月八日给她的信请她送荣华一张照片，七月二十八日竟即收到，至今还摆在我桌子对面的书架上，是我所见她唯一签赠者。一九六八年摄于波士顿，收入《对照记》（一九九三年）。

散文集明年春天出：看这句和下句的措辞，该是指一九八八年才出的《续集》；其前一年的《余韵》所收皆为在上海时期的旧作。

还有两篇要写：应指《国语本〈海上花〉译后记》和《〈海上花〉的几个问题——英译本序》，先后在一九八三年十月一日至二日和次年一月三日刊于台湾《联合报》副刊，都收入《续集》。

英译本《海上花》也还需要整理：后来她身体变坏，此书直到她去世时仍未定稿。参看她一九八一年十二日二十二日（117页）和一九八二年七月五日来信及注（119页）。

张爱玲签赠庄信正夫人杨荣华的照片。

庄信正致张爱玲

一九八三年八月十七日

爱玲先生：

接到您的照片很高兴、感激。我们立即放在框中，摆在书架上了。《桃花扇》最后两天的剪报寄上（上次寄的是影印本）。他们能用这样盛大的方式刊登，主要是您的读者的确 both numerous and deeply loyal，而且编者似乎也是有意趁《惘然记》出书之际登出的。登出后报社还转来一封读者投书，其中表示是您的长期忠实读者。我回她一信——因为她未具名，只有地址，所以信封上人名部分我写了“张爱玲读者”——把她没有的两三本书名告诉了她。

Murdoch 的书我没有看过，不敢置一词。您问起的那本书我刚才问一位朋友，他说书名是 White Mischief，写的是当年 Nairobi（Kenya）附近一英国 Lord 被杀的事；并说因为已有些时候，所以坊间未必很容易就买到。但我会搜购一番，应该买得到。另外又有几本书（Mrs. Harris by Trilling; Flight by W. Buckley; A Private Battle by C. Ryan 等）日内将寄上。我休了一个多星期假，今天开始上班。夏先生已回来，他这次是社会科学院出名招待。

祝好

荣华问候，并要我多谢您的相片。

信正

8. 17

牙病是麻烦一点。据说牙医好坏之间相差很大，所以请找最好的，求一劳永逸。

说明：

此信她和我都保存，她保存的在封套内并有我附寄给她的两天剪报。封套左上角寄信人的地址条被撕去，但她来信都是自己写我的地址，从来没有剪贴我的地址条。

both numerous and deeply loyal：现在更不妨窜用古人的话“有井水处，皆读张著”。

关于 *White Mischief*，见她下一封信及注。

写此信的第二天寄给她三期 *The New York Times Book Review*（《纽约时报书评周刊》）和此信所说的三本书，分别是 Diana Trilling 所著纽约一位枪杀情夫的私立女子中学校长的传记；美国极右派分子 William Buckley 吹嘘他独自驾船横渡大西洋的记录，书名应作 *Airborne*；报道文学家 Cornelius Ryan 癌症死后其妻 Kathryn 所写的病情细节。

夏志清教授暑假去社会科学院（北京）时钱锺书为该院副院长；其前钱来纽约时夏曾热诚招待。

张爱玲致庄信正

一九八三年十月二十六日

Reyher
1825 N. Kingsley Drive, Apt. 305
Hollywood, CA 90027

信正，

收到 The Warriors 与 The Winds of War 续集（看过上集与 TV 上的），都爱看。White Mischief 看得心满意足，毫不失望，请替我谢你的朋友。上次信上把 associate 误译为助手。牙医生现在正式退休，寄通知单来介绍另一医生，接收了原址。公寓派人来喷射蟑螂，需要出清橱柜，太费事，很少人签名要他来。今年来通知单说每月一次，再不让来要逼迁，只好把东西搬出来堆了一地，总不能一次次搬上搬下，结果是半年来一次，不是每月。东西摊了一地，半年没打扫，邻居猫狗的 fleas 传入，要 vacuum 后再喷毒雾。但是墙上粉刷的片片剥落，地毯上的粒屑拣不胜拣，吸入吸尘器，马达就坏了。我叫了个杀虫人来喷射，只保卅天，不 vacuum 无法根除。只好搬家，麻烦头痛到极点。久住窗帘破成破布条子，不给换我也不介意，跳蚤可马虎不得。等有了地址再寄来。祝近好，荣华二笠都好。

爱玲
十月廿六

注解：

寄还 *White Mischief*（《白色恶作剧》）时所附的信。封套已失，发信地址是推测的。该书我在坊间未能买到，遂向张文艺（北海）借来，九月二十四日寄给她（附一信）。故事写的是一九四一年英国在东非殖民地肯尼亚的定居者当中有一人与一个勋爵之妻通奸；忽然他被杀，凶嫌是那勋爵，殖民当局却判决无罪。人们怀疑是官方蓄意掩盖真相。是个有名的案件。*White Mischief* 根据新的资料写成，作者名 James Fox。一九八八年曾拍成电影。

收到此信之前寄给她三次书刊。*The Warriors* 为美国畅销作家 John Jakes 极长的历史小说；*War and Remembrance* 是她信上所说战争小说 *The Winds of War* 的续集，作者 Herman Wouk 也是畅销作家，曾得普利策奖。

把 associate 误译为助手：查她上两封信都未提到过“助手”；她的意思或许指那定居者是勋爵的助手。上信她把凶案说成杀妻则是误记。

接收了原址：美国医生私人开业到退休时都会把诊所和病人资料转让（卖）给别的医生，并且通知病人推介接班者。

这封信开始谈到跳蚤和搬家的问题，二者此后成为她信中经常出现的字眼。

vacuum：用吸尘器清除。

张爱玲致庄信正

一九八三年十一月五日

Reyher

1825 N. Kingsley Drive, Apt. 305

Hollywood, CA 90027

信正，

寄还 White Mischief 想已收到，附信讲虫患被迫搬家。找到的房子其实于我也不合适，太讲究了点，有冷气而没有家具。我喜欢空旷，想买一两件塑胶铜管桌椅榻，但是这种最普通的廉价家具似乎停制了。真是买不到，再想法子凑付着，不预备花钱布置。这里租赁还要填表申请，references 我填了你们俩与志清，另写信告诉他。月半搬家，新址是；

1749 N. Serrano Ave., Apt. 216

Los Angeles, CA 90027

匆匆祝

好，荣华二修都好。

爱玲

十一月五日

注解：

这是张先生自好莱坞 N. Kingsley Drive 公寓发给我的最后一信。从一九五五年十月来美国，她因写作和工作而时常迁移。

一九六二年至一九六六年同丈夫赖雅在华府住了四年半，但其间搬过家（虽然相隔只几条街）。她在伯克利 Durant 街的公寓住了三年。一九七二年秋天移居好莱坞 Kinsley Avenue 小街的公寓却一住十一年，直到一九八三年十一月——写这封信之后十天左右——才迁走，是她平生住同一房间最久的一次。年轻时她很讲究衣着，甚至被讥为奇装异服；到我认识她的时候则穿得非常朴素。至于住处，她始终力求方便简单，家具越少越好。她说廉价的家具买不到，其实是对这方面不熟悉；有些便宜店（包括救世军开的——她一九五〇年代初来纽约曾住过该组织办的低费女子宿舍）以穷人为对象，该会找得到。

references：房东怕房客付不起租金，要有人作保。

张爱玲致庄信正

一九八四年一月二十二日

Reyher

信正，

收到圣诞信也没回信，你跟荣华也许奇怪是怎么回事。我搬到Serrano Av. 没把 fleas 带过去，但是那里没家具连冰箱都没有，先是经理室的一只暂租给我，又值房屋易主，十天后新经理坚持收回，建议我买一个小旧货店的一只。不料这冰箱底层 insulation 里带来一种特别厉害的 fleas——会有这样的巧合!！这次叫杀虫人来，又老远到兽医院一两百元买了十只 flea bombs，与店里卖的不同，接连两天用掉，都毫无效力。再次搬家，结果也是白搬。只好把东西存仓库，从圣诞节起，差不多一天换个汽车旅馆，一路扔衣服鞋袜箱子，搜购最便宜的补上，累倒了感冒一星期，迄未全愈。还幸而新近宋淇替我高价卖掉《倾城之恋》电影版权，许鞍华导演。向邮局报迁移，改为 General Delivery，也不会常去取，而且会中断一个时期。我想还是暂停通讯。如果算了，再去找房子，一星期内会猖獗得需要时刻大量喷射，生活睡眠在毒雾中，也与健康有害。你们俩给找的房子虽老，住了这些年也无事，再走过那条街还有点难受，想着 I was happy here。寄到 Serrano Av. 的书收到，有两本 War & Remembrance Vol.I，你的忙可以想见。祝你们俩与双修都好。

爱玲

一月廿二

注解：

信封上只写 Reyher，未写发信地址；这时她已经迁离公寓，搬到一家汽车旅馆。从此开始了她生前最后十二年在同一城市居无定所的漂泊的岁月，而主要原因就是上信所说的“虫患”。

搬家不久发现新居也有小虫，连昂贵的杀虫药（flea bombs：直译为“跳蚤炸弹”）都“毫无效力”。只好再搬，渐渐每天换一汽车旅馆，不消说要累倒；也难怪重过 Kingsley 街旧居会怀念多年的平安生活了。

此信我一月二十八日收到，觉得事不宜迟，与夏志清先生通电话后决定托我在洛杉矶的知交林式同就近照顾她；当晚打电话给他，他是学建筑的，不知道张爱玲是谁，但立即满口答应。第二天我写一信给张先生，寄到她这封信所说的 General Delivery（由邮局保存待取），向她介绍式同的背景和为人。她轻易不愿欠任何人情；三个月后来信（即下一封）才提到“你们的朋友”。

许鞍华所导《倾城之恋》（一九八四年）是张爱玲的小说第一次搬上银幕；许于一九九七年又拍过《半生缘》。张爱玲生前作品被改编成电影的还有《怨女》（但汉章，一九九〇年）和《红玫瑰与白玫瑰》（关锦鹏，一九九四年）。这四部影片都说不上是成功之作。许鞍华曾坦承《倾》缺陷很多；至于《怨女》，一九八九年在纽约参加影展和一九九一年公映时《纽约时报》都有过专评，毁誉参半。张去世后有侯孝贤的吴语《海上花》（一九九八年）和李安的《色，戒》（二〇〇七年）。根据她的生平和著作编制的连续剧也已有多部。

此前我于上年十一月十七日给她一信；寄过七本英文小说，包括她这封信提到的寄重的 *War and Remembrance*。

也与健康有害：“与”是原文。

张爱玲致庄信正

一九八四年四月二十日

Reyher

1626 N.Wilcox, #648

Hollywood, CA 90028

荣华，

信正，

你们的朋友可以帮我找房子，当然再好也没有。目前还不能租房子，到时候再找他们。搬来搬去，同一 motel 也换房间，稍微 suspect 的衣物全扔掉，也还是住进去数小时后就有 fleas。多住几天才老辣起来，会叮。一般都是猫狗有 fleas 主人也不受影响。小旅馆称 flea-bags，也没听说有带着走的。我这大概是因为 dry skin，都怪我一直不搽冷霜之类，认为"皮肤也需要呼吸"，透气。在看皮肤科医生，叫搽一种润肤膏汁，倒是辟 fleas，两星期后又失效——它们适应了。脚肿得厉害，内科医生查出是 veins 毛病，治好了又大块脱皮，久不收口，要消炎等等。又还在看牙齿，除了蛀牙，有只牙被新装的 partial denture 挤得搬位，空出个缺口，像缺只牙。牙医生说是从来没有的怪事。我忍不住说了声"我是有时候有这些怪事"。给志清信上说得非常简略，对联合报皇冠就说是搬家累倒了，百病俱发，住旅馆有种种便利。那本《新书月刊》联合报寄来给我，还没看。收到一大包书想必是海上花，没拆开，一拆开就无法搬运。幸而你们已经有了，不用寄来。我的短篇小说我也预备译的，总想着是用

来填空的工作。此间邮局信箱不租给住旅馆的人，只好在个私营的邮递行租了个信箱。来信请寄

1626 N.WILCOX, #648

HOLLYWOOD, CA 90028

祝

好，（福慧）双修也好、

爱玲

四月廿日

注解：

此前我于三月二十六日寄她一信。

这封信读来像病历表。住同一旅馆也要换房间，稍微可疑的（suspect）衣物全扔掉，而还是刚搬进“数小时”便有跳蚤。——这几句话就难免让人怀疑是她自己多疑了，何况她住的又不是flea bags（字面意思是“跳蚤袋”；这种廉价小旅馆的房客会被跳蚤围攻）。

另外她说有皮肤干燥（dry skin）问题，并因血管（veins）的毛病而致“脚肿得厉害”。林式同在《有缘得识张爱玲》一文说他三次见到她都是穿着浴室用的拖鞋，原因就在这里。她的眼睛和腿脚都很早就不时发病；一九六二年初从香港写给赖雅的信里已经提到。仿佛她从小喜欢甜食，常患牙疼。

partial denture：部分假牙，即在好牙之间夹镶者。

显然我三月二十六日给她的信里谈起有人想要把她的的短篇小说译成英文，而她始终坚持亲自做；其实等于改写。吴鲁芹所编*New Chinese Stories*有她的“Little Finger Up”，聂华苓所编*Eight*

Stories by Chinese Women（《中国女作家八篇小说》）有她的“Shame, Amah”；二者分别为《等》和《桂花蒸　阿小悲秋》的缩略本。她为夏志清所编 *Twentieth-Century Chinese Stories*（《二十世纪中国小说选》）译了《金锁记》（“The Golden Cangue”）。但由于健康越来越坏，又赶着创作，没有余裕“填空”，至终未能再译。

她去世后则已陆续有人把她的著作译成数种语文。英文有孔慧怡主编的 *Traces of Love and Other Stories*（《留情》及其他短篇小说，二〇〇〇年），共收五篇，其中“Stale Mates”为张爱玲以英文所写，即《五四遗事——罗文涛三美团圆》；孔并把《海上花》英译编订出书（见张爱玲一九六七年四月二十八日来信及注，24 页）。有金凯筠（Karen S. Kingsbury）选译的 *Love in the Fallen City*（二〇〇七年），收《倾城之恋》等六个短篇。另有琼斯（Andrew F. Jones）译的 *Written on Water*（《流言》，二〇〇五年）。“文以影贵”，《色，戒》因李安搬上银幕而出了英文本，译者名洛弗尔（Julia Lovell）；以两种形式出版，一是小说平装本，四十六页；一是附加英译电影脚本、插图和拍制经过的精装本，三百零八页。二者都有李安的前言。

我手边有张爱玲著作的三种法文版，译者都是派许纳（Emmanuelle Pechenart）：*La Cangue D'Or*（《金锁记》，一九九九年）；*Rose rouge et rose blanche*（《红玫瑰与白玫瑰》，二〇〇一年）；*Un amour dévastateur*（《倾城之恋》，二〇〇五年）。张去世那年 Pechenart 曾编译过一本选集 *Shanghai, douze recits*（《上海，十二篇小说》）。她去世之前《秧歌》已有两种法文译本（一九五八年；一九九一年）。日本方面，《半生缘》二〇〇四年由上智大学教授吉田丰子译成出书。吉田是夏志清的学生，张爱玲死后写过一篇追忆文字，刊于二〇〇五年四月十九日台湾《中央日报》副刊（陈鹏仁译）；同时发表了一九七八年张给她的两封英文信。二〇〇九年四月我去上海小住，应陈子善兄嫂之邀去他们家“梅川书舍”餐叙；子善让我看他珍藏的张爱玲著作，并慨然签赠在北京一拍卖场合买到的 *The Rice-Sprout Song* 德文本二册之一，名 *Das Reispflanzerlied*，同法文本一样是英文本在美国走红之后所出（一九五六年）；译者是 Gabriele Eckehard。我另有德文 *Gefahr und Begierde*（《色，戒》，二〇〇九年），封面则说是“张爱玲：《倾城之恋——短篇小说集》”，由 Susanne Hornfeck，Wang Jue 和 Wolf Baus 直接从中文译成，共收五篇。还有一件更巧的事；子善也是在拍卖场买到我当年在南加州大学签赠一位同事的 *The Rouge of the North*，上面还有此人自己的签名。不知道怎么辗转飘零，到了作者的故国，而至终明珠“明”投，获得张学专家珍藏。

《新书月刊》是一九八〇年代台湾一份以书评为主的杂志，周浩正主编。这年第四期有与张爱玲有关的文章，但手边一时未能查到。

我的两个孩子是“修”字辈，此信结尾张先生便引“福慧双修”这个典故来祝贺他们。参看她一九九一年二月十四日来信及注（278页）。

庄信正致张爱玲

一九八四年七月二十八日

爱玲先生：

前奉上一函及剪报，想已收到。

您的近况好吧。我这些日子正在整理夏济安先生 The Enigma of the Five Martyrs 中译的最后资料，准备在台、港刊登，所以很忙。

再寄上两份剪报，因为是与您有关的文字，所以觉得该寄您过目。

我们八月中旬也许去 Indiana 我母校去看望两位教授，来回至多一星期。匆此即请

安好

信正

7.28

说明：

从这封到现存我给她的最后一信，共四十封，都由张先生保存下来；只有一九八六年三月二十六日、一九八八年八月三日和一九九一年八月十三日三封去信我曾留底。

此前于五月九日寄她一信；五月十八日又寄一信，附《中国时报》“人间”版所刊新发现的她初、高中作文剪报两篇，即此信开头所提到的。

这封信里附寄的两份剪报她保存下来，分别是一则关于唐文标

《张爱玲研究》出版的简讯和这年六月二十九日《中国时报》“人间”版所刊长文《〈倾城之恋〉搬上银幕》；作者蓬草是该电影脚本的编写者。我写此信的当天唐在《中国时报》“人间”版发表《唯一及其所有》，文章顶上有横排的一行大字“张爱玲资料大公开！！”，该是编者加的宣传。唐交代了他历年搜寻张爱玲有关资料的经过，内容有其可取之处，但结尾宣告“让我谦卑地在此居功吧”；“谦卑”和“居功”两个反义词一口气说出，再度透露他的矛盾心理。

我译的夏济安先生英文长文“The Five Martyrs”(《五烈士之谜》)指的是一九三〇年代被国民党处决的五个左翼青年作家；尽管内容是反共的，当时台湾的政治却仍很敏感，因此未能披露，只在香港《明报月刊》一九八四年十一月至次年四月分五期连载。

张爱玲致庄信正

一九八四年八月二十九日

REYHER
1538 N. VISTA ST., #305
W. HOLLYWOOD, CA 90046

信正，

信收到。不知道 Indiana 去过了没有？我住哪里唯一的先决条件是有没有一间房的公寓——大都市如香港就没有。美国南部、中西部较大的城市不知道有没有。LA 附近，看广告也知道大都是较大的 apts。天气好究竟不是必要。唯一有点放不下的是刚找到个好牙医生，碰上坏的吃大亏。奥运期间 LA 本来说旅馆要涨价三倍，幸而东欧等国没来，平日夏令游客又怕旅馆客满，都不来了，才没怎么涨。六月间我因为 fleas 不绝如缕，加上奥运的压力，冒了个险租了个公寓。因为是试试看，没找林先生，免得如果马上迁出太说不过去。果然如影随形带了过去，半个月后又不得不搬出来。八月初终于摆脱了 fleas，打电话去，林太太因为每天走路（运动），只有星期日有空。LA Times 上星期日、四的招租广告特多，而星期日的报星期六就出了，所以是星期六、一、四这几天看房子，星期日休假不让看。我大半年来住遍这一带，公车路线较熟悉，可以用不着开车送了，但是此地现在找房子像找事或贷款一样麻烦，屡次碰壁后还是找林先生做当地的保人。刚申请了一处还没下文，原先申请的最贵的一家倒肯了，大概因为太贵了没人要，又没冰箱。没家具，很讲究，也太大，而且蟑螂多之外还有一种小爬虫，我也是住旅馆以来才见到的。签了一年合同，又买了新冰箱，只好预备久住了。赠书等有便就请寄些来，N. Y. Times 书评等我很爱看，如果留着的话就请寄来。王祯和的近作实在坏到极点，而且 self-indulgent 得使人惊异。倒果然马上有反应。梁实秋写青岛的一篇像不像？近况想必好，荣华双修都好？

爱玲

八月廿九

我存仓库的东西要等买了兽医院的 flea bombs 熏过后才敢往家里搬，以防万一。搬进来就一直感冒，一切停顿。地址是：

1538 N. VISTA ST., APT. 305

W. HOLLYWOOD, CA 90046

原先的 Wilcox 住址收信到九月廿二为止。又及

注解：

八月上旬我们一家四口驾车返母校印第安那大学，主要是拜访恩师福尔斯特教授。其时系主任福伦兹教授已患严重中风，住疗养院；福尔斯特师带我去拜访时他看到我显然认得，但已叫不出名字。张先生此信所说的中西部较大城市包括印第安那州首府 Indianapolis 在内，离印大所在地 Bloomington 四十五分钟车程。（南部她对凤凰城最有兴趣。）参看我下一封信和她下一封信及注。

这一年奥运会在洛杉矶举行。鉴于上届在莫斯科举行时以美国为首的若干国家拒绝参加，这次苏联、东欧和古巴等共产主义国家还以颜色；应该纯属体育运动的严肃的全球性盛举沦为国际政治玩

具。(中国倒参加了，是一九五二年以后首次。) 然而单单从生意眼光来看，这一届非常成功，主办者大大赚了一笔钱。张先生说的恐怕是例外情况。

LA Times（《洛杉矶时报》）是《纽约时报》和《华盛顿邮报》（*Washington Post*）之外美国第三份大报。张先生始终喜欢看《纽约时报书评周刊》；九月八日我遵嘱寄她该刊二期，连同三本英文书：(1) 美国著名文学史家 Malcolm Cowley 的回忆录 *And I Worked at the Writer's Trade*；(2) 美国畅销作家 Donald Westlake 的一本犯罪小说；(3) Gay Talese 的 *Honor Thy Father*（见她一九七四年五月十三日来信及注，84 页）。

林先生：即林式同。台湾师范学院（现为大学）艺术系毕业。父亲林彬长期任台湾大学法律系教授，一九五〇年左右做过"司法行政部长"。一九六〇年九月式同与我搭乘同一学生包机来美国。他去明尼苏达（州立）大学建筑系进修五年，取得学位。我们后来在洛杉矶重逢，成为莫逆之交。他属于性情中人，有侠义之风，是我平生最敬重的友人之一。式同的太太冈村喜美子原为日本国会议员特别助理，在美国国务院赞助下去华府进修两年，归国途中经过明尼苏达，与式同一见钟情，随即结婚。她比式同大十岁，一九九〇年代患痴呆症。张爱玲去世后式同全力照顾她而忽略了自己的健康。为了省事，经常去住处附近一家麦当劳用餐；电话上我不止一次警告他尽量少吃这种店的 junk food（垃圾食品），他答说大都是 pancake（薄煎饼），不要紧。至终染上肝病，未及早诊疗，发现时已回天乏术。后事托他妹妹式芳经管（他们没有子女）；她把喜美子搬到华府以便就近照拂。张爱玲一生当中宋淇、邝文美和夏志清三人的支持和协助尽人皆知，林式同的无私的奉献则可从她指定他为遗嘱执行人这一件事充分证明。他写的回忆录《有缘得识张爱玲》是研究她晚年生活最重要的第一手资料。式芳告诉我，她哥哥对于同张的缘分极其珍惜，对她的个性和作品都很推崇，并嘱式芳等喜美子过世后把他们夫妇的骨灰混合起来也照张先生那样撒到洛杉矶外边海里。

式同说我一九八三年给他电话托他帮助张爱玲，年代似为记错或印错，该是一九八四年一月。他说我寄了一个黄颜色信封请他持交张先生。我们通电话后，为了让他们认识，我曾立即寄过剪报或影印资料给他作为“敲门砖”。但日记未记确切是什么；三月一日则记着当天曾寄给他一份月历，上面印的是蔡文颖的雕刻。

王祯和早期的作品张爱玲十分欣赏。后来他力求变化，她却大失所望，此信竟至责他 self-indulgent（任性，自我陶醉）。她所说的“近作”可能指他的长篇《玫瑰玫瑰我爱你》，那时正在报上连载；“反应”想必指我此前给她的两封信所附的剪报，但细节已不记得。尽管如此，她该会同意他是一九四五年以来台湾最好的短篇小说家之一，《鬼·北风·人》和《嫁妆一牛车》等足可传世。平常她不大注意同时代人的作品，这里也可以看出她对祯和爱之深，责之切。参看我下一封信。

“梁实秋写青岛的一篇”指《忆青岛》，见我下一封信。他自称所记的是五十年前——即一九三〇年代——在那里教书期间留下的印象，而我一九四九年离开这海港时才十四岁，读了不免感到隔膜，难以认同。

庄信正致张爱玲

一九八四年九月五日

爱玲先生：

收到您的信，我们非常高兴。正好前天收到林式同的电话，说您曾打过电话，但已经一个月没有别的消息，不知道 reference 用上没有，我告诉他没有人向他 office 去 check 并不证明 reference 没有被接受。他并说去买了您的《短篇小说集》，觉得十分欣赏；昨天荣华又把我们多出的《海上花》和《惘然记》各一本寄了给他。（他说您把上海写活了。）

其实以您的生活方式，似乎不一定要住洛杉矶，那边房子（公寓）难找以外，安全、花销、空气污染等都是问题。至于图书馆，小镇也有的。唯一是天气值得考虑，这样中西部就还不如东岸合适。我觉得您如不坚持住 LA，则到一个大学城去住很好，可以利用其图书馆。我们八月回印地安那住了三天半，看我的一位恩师（德国人），竟然颇能了解为什么许多老教授退休后尽管儿女都在东西两岸而却留在当地终老，因为小大学城确有其引人处，例如图书馆就可以自由进去利用。老实说，我以为您不必在 LA 长住下去——例如您在加州住了这些年，还是常感冒；我初来纽约几年常感冒，近两年倒竟好转了。

日内将寄上一些书报，我从前曾为您寄过 NY Times 的 Sunday Magazine 和 Book Review，但不知您是否愿看，后来没有续寄。既然您爱翻看，今后我们会随时为您寄上。您说的王祯和近作是否指《玫瑰玫瑰我爱你》？在他同辈作家中，我以前特别喜欢他，《嫁妆一牛车》和《鬼·北风·人》等确实好，是当年经您称许过的；但后来则正如您所说，越写越坏。台港年轻作家一出名就self-indulgent，倒不光是他。梁实秋的散文和王著您该都是在联合报上看到的，我们没有看到。中国时报“人间”副刊您是否收到？不然我们可以连同N. Y. T. 一起寄上。

一位朋友（写小说的）最近看了电影《倾城之恋》，认为虽然距原著很远，但导演“虽败犹荣”，我看过一两篇报导，都认为对不起原著，但我对导演的印象也不太坏。

唐文标又出了《张爱玲资料大全集》，再版了《张爱玲研究》（杂碎）真令人浩叹——同时又极高兴读到您的旧作。他日前来美国，叫人转送我一本近著——寡廉多产！——《中国古代戏剧史》（有人说是抄的），我仍然不予置理。祝好

荣华嘱问候

信正

9.5

说明：

关于电影《倾城之恋》，参看她一九八四年一月二十二日来信及注（175页）。

《纽约时报》每个周末必有两种增刊，即 *The New York Times Sunday Magazine*（《纽约时报周日杂志》；因为她没有兴趣，不久便停止给她寄）和 *The New York Times Sunday Book Review*（此下简称《书评周刊》；可以单独订阅）。

张爱玲致庄信正

一九八四年十月十四日

REYHER

1538 N. VISTA ST., #305

W. HOLLYWOOD, CA 90046

信正，

林先生介绍的杀虫人来过，也还是当晚就又有 fleas。保证两个月，十天后可以要求再来一次，看来也顶多能暂时好一点，还是不得不搬家。我再看了遍订的一年合同，上面明确的说住不满一年就要付全年房租，房东可以追讨（collect）。林先生问了他地产公司的律师，说“可以径自搬走，不过要写封信给房东（地产公司），说有 fleas 不能住，附杀虫人账单。[幸而我刚搬进来就告诉管理员虫多，请他们的杀虫人下次来不要再错过我的 apt.] 搬走了他们不见得找得到，且也只能追索这一年内空着的时候的房租。”所以准备月底搬，还是住旅馆，等确定没 fleas 了再离开 LA。此地天气好，难得感冒，近年来失效，是老毛病加剧。东岸与中西部的冬天实在于我不宜。我不想回东岸，但是中西部如果有合适的住处，天气也就不去管它了。我一直想找这么个 apt.：只有一间小房间，房子不很老（‘40’s 以下），浴室不破旧，有大门钥匙，没地毯，是地板、假砖或水门汀——也许是 garage apt.——有没家具都行，壁橱、街景、树木都不必要，冰箱、暖炉、烤箱也都可以自理——有，当然较便。万一有这 apt. 的话，就请马上（这是几个月后我能找房子的时候）代租下来，通知我地址，我会赶去看，不合意的话也愿意白付两个月房租。一方面我到极南部去看看，就怕那边都是老房子，一间房的公寓即有也少，就连大城市里。我不喜欢小城，上次 check-up 发现一两年前有过一次小 heart attack（请不要跟人提起），所以也要顾到看医生方便。大学城也小。如 Ohio 那小大学城就没有一间房的公寓。我在 Cambridge & Berkeley 除了看红楼梦版本也从来不去学校图书馆，只去公众图书馆。西南部 Sun-belt 房子俏得直追 LA，更不用考虑了。不久以前 Newsweek 上说 American Savings 可能要倒，我在想换一家，Federal Savings、Home Savings 不知道可好些？这些都不忙，请等有空再来信。我过天去租了信箱就写便条来告知号码。荣华好？孩子都好？

爱玲

十月十四

注解：

此前于十月三日寄她四期《书评周刊》和三本书，都是长篇小说：（1）John O'Hara，*The Instrument*；（2）James Jones，*The Merry Month of May*；（3）Elia Kazan，*The Understudy*。

十月六日接她来电。这是一九七四年我离开洛杉矶以后绝无仅有的一次。谈了半小时，主要是关于她的虫患和迁居的问题。我随即打电话给林式同，没有人接；晚上再打，只有喜美子在家。次日接式同回电，他说会立刻帮她安排专人消除虫子。我便打电话向她报告（也是因为预先约好，她接了）。十三日再与式同通电话，谈了半小时多。

张先生在电话上又提到想离开洛杉矶，我建议她搬回东岸。但她怕与人接触，反而宁愿去陌生的中西部或南部，并重申对公寓的要求。

“‘40’s 以下”指房子建造时间不能早于一九四〇年代。

有大门钥匙：她通常昼夜颠倒，往往昼伏夜出，需要有公寓大门的钥匙。（前面她一九六六年十月八日的来信说写信时“已经午夜了，但是想赶紧出去寄信”。）

garage apt.：车房改建或其上加盖的公寓。

我不喜欢小城：她最喜欢大都汇如上海和纽约（在美国有许多年始终期望能在该市定居），即使晚年日益离群索居也要“隐于市”。关于她对住处的要求，可参看她一九六九年五月三十日来信（42 页）。

她身体检查时发现有过一次心脏病（heart attack），当然感到紧张，嘱我不要说出去。我十八日接到此信，二十日打电话给式同，间接地谈她的健康情况。她去世后法医诊断死因就是动脉硬化性心血管病（Arteriosclerotic Cardiovascular Disease）。（一九八五年二月一日给邝文美、宋淇的信里说有天晚上疾走赶路，“心口又有点痛，想起可能 heart attack 倒在街上”。）

关于《红楼梦》的版本，参看她一九七〇年六月十八日（53 页）、二十四日来信及注（56 页）。

张爱玲一生几乎全靠卖文为生，从来没有宽裕过。她最初搬到洛杉矶时银行里只有小额存款，而没有任何固定收入如退休金等。她对自己的财务安全念念不忘，竟至于每年不惜花很多时间亲自填报所得税。她新近看到 *Newsweek*（《新闻周刊》）的有关报道，害怕自己存款的储蓄银行会倒闭而想另换一家。我在洛杉矶五年期间钱都存在 Santa Monica 住处附近一家 Home Savings。这方面我其实完全外行，因此特别去请教过一位同事。

Sun-belt：直译“阳光地带”，指美国南部和西南部——东起佛罗里达州、西至南加州——的一长条暖和的地区。

张爱玲致庄信正

一九八四年十月二十三日

REYHER
1538 N. VISTA ST., #305
W. HOLLYWOOD, CA 90046

信正，

听林先生说你又跟他通过电话，我的信已经收到了。他自己盖的 low income housing 能代我申请，当然再好也没有。虽然是郊区，还可以上城看医生。“低收入住屋”是按收入定价的，高低相差很多。月租 $380，也跟市价相去不远，似乎不值得担上个受政府救济的名，不过是新房子，还可以破格不装地毯，代以漆布。一个月后完工，到时候如果我还没 shook the fleas，也就先租下来再说。——现在这 apt. 因为没家具，只有个 air mattress，坐卧都在地毯（fleas 的温床）上，更糟了。——月底迁出，怕有信失落，向邮局报迁移，新址不能填私营的信箱，（他们的规矩）只好还是由总邮局代收信：

General Delivery
901 S. Broadway
Main Post Office
Los Angeles, CA 90055

信箱就不租了，免得两头跑取信。中西部请不用托人代找房子了。赶写这封信来，万一你又要打电话来，谈得久一点实在太贵了。

荣华跟你和孩子们都好？

爱玲

十月廿三

注解：

开头说的就是我十月二十日打给式同的电话，他当即同她联系。

美国的出租公寓常常不供应家具，她搬来搬去总不能随身带着大件行李，只好买便宜的充气床垫。有的公寓竟连桌子都没有，只好坐地板上用纸盒之类权充了。而地毯是跳蚤的“温床”，“shook”自然很难了。

庄信正致张爱玲

一九八四年十月二十四日

爱玲先生：

我刚投了一封信忽然想起忘记告诉您一件事。我电话上问过林式同，他也知道 American Savings 传闻要倒的消息，说 Home Savings 很好；我们当年也是存 Home。(其实 Federal 如果较方便，也行。但对于这家，我一无所知。美国倒一家银行是天大的坏事，轻易不会有很多家发生的。)

祝好

信正

10.24

说明：

这天上午我寄的长信日记未记内容，但不外是谈她的住处、虫害、健康和存款等问题。

张爱玲致庄信正

一九八四年十一月二十八日

Reyher

1626 N. Wilcox, #645

Hollywood, CA 90028

信正，

我上次信上说十一月起由邮局代收信，但是说要十天后经过computer纪录后才可以取信。我等到十一月中旬去拿，管这部门的黑女人说这是专供transients用的，我几个月前刚用过，是本市居民滥用，所以她把信都转寄到Vista St.旧址去了。当然我不能回去拿，信全丢了。结果还是租了个民营信箱：

1626 N. WILCOX, #645

HOLLYWOOD, CA 90028

本来应当马上来信通知，免得再白费时间精神写信寄到邮局。天天惦记着，十分内疚，但是每天忙得都睡眠不足，成天奔走买东西，补给扔掉的衣物。一天搬一次家，现在需要三小时的准备，经过Vista St.一个月的席地生活，fleas演变得更棘手了。又感冒病倒，前两天刚打电话去问林先生申请低收入住屋有没批准——跟他商量后勉强填的表，不大有希望——老是没人在家，原来度假去了，要下星期一回来。如果申请到了，也要等fleas没有了才能住进去。如果不成功，我想早点到南部去找房子——不过是要个租房子不用填表、冬天不太冷的地方——不然又正赶上年底飞机挤。你寄到 Vista St. 的两封信都收到了。American Savings 的定期存款已经移到 Home Savings。定期的也想提早结束，但是目前需要他家的 checking acc't，因为 I.D. 证件在旅馆被墨西哥女佣偷了去——现在这是个热门生意——要等有了固定住址，去补领了才能到别家开 checking acc't 户头。近视有时候是遗传的，像我五六岁就已经看不清楚电影，与看书光线等等无关。不知道你跟荣华的父母有没有近视的，可能跳掉一代。你们俩都好？孩子也都好？

爱玲

十一月廿八

注解：

她一九八四年十月二十三日来信中又把通信地址如当年一月二十二日来信那样改为暂存邮局待取（General Delivery），但那女职员告诉她这是专为 transients（过往旅游者，也指无业游民）而设的便利措施，她不再适用，把她的信转到八月二十九日寄信时所住的公寓；她不能回去拿，因此全部丢失。

此前十一月十七日晚接到林式同来电，次日我写一信给张先生，都是谈她住的问题。式同告诉我他们夫妇要出国旅游，我在信里想必转告过她。她忽然需要式同的 checking acc't（活期存款账户。acc't 应作 acct.，是 account 的缩写），而当时还没有收到我的信（收到也可能尚未拆看），连打几次电话给他，没有人接。

I. D.：Identification 的缩写，此处指带照片的身份证，尤其是美国的 citizen papers（公民身份证）。日常生活中不用这最重要的原始证件，而是用驾驶执照；但是她不会开车。

我在信里告诉她医生发现修笠眼睛开始近视，要配眼镜。不久修昱也如此。我自己不近视，误以为是看书时光线不足或姿势不对。张先生根据她从小近视的经验提醒我近视有遗传性（她有几张早期的照片带着眼镜）。荣华患近视。

十二月十一日寄她年卡，附一信。

张爱玲致庄信正

一九八五年二月十六日

Reyher

1626 N. Wilcox, #645

Hollywood, CA 90028

信正，

我上次信上所说的情形仍旧持续下去，接连几天三小时睡眠，出去奔走就屡次差点闯祸出事。休息一天不搬家，只够补觉了。不是有点事就不写信了，所以收到你两封信也迟迟没回信，但是毕竟于心不安。林先生盖的房子听上去非常理想，不过申请填表削足适履，他先叮嘱少填收入，每月付了房租剩下不到 $100。他的秘书说不合理。再填了一份，加多了些。——第一份我没忘了签名，他的秘书见没 notarized，不算。（是他先告诉我他公司有 notary public，可以补作证，不用另找。似乎他跟他的秘书也和他跟他太太一样有时候不接头。）——需要收入的证件：付所得税单的副本，储蓄年利 statements——数目不符，交缴不出。我想算了，昨天寄出一封短信给林先生，心境太坏，实在怕打电话。上次晤谈，难得见一面的人，时间又短暂，当然强打精神。等能够赁屋定居时再托他找房子。如果还有 fleas 就住 apt.，又重蹈覆辙，一两个月内又不得不迁出，而且一次比一次坏，更难脱身了。前几年有个医生说我整个皮肤是 eczema-ish condition，（也并看不出，除了手臂上褪皮；不过一碰就破，多走点路脚就磨破了，非得穿拖鞋——我也喜欢散步，不过是拿着大包东西赶路的时候居多）无疑地是 fleas 锲而不舍的原因。志清来信说经他说项，中国时报出版的《资料大全集》这一版销完后可以由我出版，我也还没得空回信。荣华的妹妹的喜事与你父母那边有事，你更忙了。修笠姐弟都好？给你们拜年。

爱玲

二月十六

注解：

上年十一月十八日给她的那封信寄到她上信所列的地址，一月下旬被邮局退回，二十八日重寄给她。二月十六日——她写此信当天——我接到式同来电，十八日给他去电；两人对她的健康和住处越发不放心。二月二十五日收到她这封信第三天我影印寄给夏志清先生，三月十四日夏先生来的短简中说“爱玲实在令人 worry 。我想因 diet 不好而引起各种 hallucinations”。这话很有道理；另外也可能是因为睡眠失常，常年服药，长期独处等。

林式同大而化之，待人接物十分潇洒，现在张先生注意到了；不久她也注意到他热诚恳挚，朋友如有急难必会挺身相助。

式同《有缘得识张爱玲》一文初稿我曾看过，但从张先生此信看来，他说首次会见她是二月以后“两个多月”似为误记，该是在她二月十五日写短简之前的事。前面提到过，式同看到她都是穿浴室用的宽松拖鞋，从这封信知道她患湿疹性皮肤病（eczema-ish condition）。据式同记忆，他初次拜访她是在她当时住的旅馆一楼客厅，他坐着等她，“十点整从旅社的走廊快步走来了一位瘦瘦高高、潇潇洒洒的女士，头上包着一幅灰色的方巾，身上罩着一件近乎灰色的宽大的灯笼衣，就这样无声无息地飘了过来”。二人坐了不过五分钟。但他注意到她“气定神闲，头脑清晰以及反应敏锐给我留下深刻的印象。同时也觉得她在观察我”。

notary public：公证人；当事者在重要文件上签名时由这种持有执照的专业人员作见证。

statements：（银行）报表；结算单。

关于《资料大全集》，参看她一九八三年四月五日来信及注（154页）和我一九八四年七月二十八日去信及说明（181页）。

这年二月荣华的母亲在纽约因胃癌开刀；其前不久她二妹在加拿大结婚，我写信时告诉过张先生。

庄信正致张爱玲

一九八五年三月二十三日

爱玲先生：

两周前寄上之 NYT Book Review 四期想已收到，这次以另包寄上六期及书二本。随信附上柯灵谈您的文章。他是您的旧识，以前读您文章时知道的。近些年看到他结集的文字，总希望有关于您的，但未见到，这次终于有了，果然与众不同。唯一我无法同意的是最后批评《秧歌》的话，这本小说固然有“主题先行”的味道，但作为艺术，是少见的成功之作，尽管未必是您的代表作。柯文我读后很有感触，想到您上信的内容，更觉不安。老实说，您目前这样的生活方式对健康是有害的，也会影响写作。而且常常带着行李在好莱坞那种杂乱地方的马路上走，不但辛苦，也正如您信中所说，相当危险，有出事的可能。凡是您的读者，都对您关怀备至，总要打听您的近况，索看您的近著。我觉得您生活上的一切安排，首先应考虑健康，健康才能写作；您这样居无定所，长此下去，身体会受损的，何苦来呢？您这样搬来搬去，不知您愿不愿意趁此离开 LA，到东部来旅行，找几个老友聚晤一番；至于费用，自不成问题。或者我可以去 LA 看您一次，帮您看看能否解决 fleas 和公寓的问题，您知道这是我绝对乐于为之的事。以上痛切陈词，希望您不介意。

即请

安好

荣华嘱问候

信正

3.23

(P. S. 听说水晶现住 San Diego)

说明：

此前于三月十六日收到夏志清先生寄来宋淇给他的信和宋给张先生一信的影印本，附一短简；内容见她上信注解。我在此信中当然未提。

此信所说给她寄的两本书是 Maugham 自传 *The Summing Up* 和 Martin Cruz Smith 所著紧张小说 *Gorky Park*，写莫斯科一公园内发生的凶杀案。

柯灵的文章名《遥寄张爱玲》，刊于这年二月号的《香港文学》(刘以鬯主编)；她与此信一起保存。这篇长文用了富有感情的笔触对张备致赞扬和远念，却仍未脱大陆的文艺偏见，贬《秧歌》为"坏作品，……虚假，描写的人、事、境，全都似是而非"。这样，就难怪她来信从未提过了；一九九二年二月二十五日给宋淇、邝文美的信里提到托姑丈李开第经管她的著作在大陆的版权，李要她找柯灵帮忙办理手续，而她"不想为这些事去麻烦柯灵"，似为委婉语。《小团圆》中则通过荀桦这个人物对他做了尖利的影射。

庄信正致张爱玲

一九八五年七月九日

爱玲先生：

近况想好。寄上的NY Times书评想都已收到。因为考虑到您要去转信处取邮件，所以未寄重的书（其实已积了不少，放在basement，近来买的较少），怕您拿着走路不便。

我最近休了一个月假，写了一篇谈《Ulysses》的读后感，长三万字。同时，有人要代我介绍出一本书，我就把近五六年的长短文章整理成集，其中当然有谈您的那篇。这次出书想用真名。我本来作了很多卡片，计划将《桃花扇》全部好好改写，但材料太多，时间太短（那朋友三、五天内就要赴台），所以只在文后加上一段按语。主要是解释一下关于《色，戒》部分我的书评内有的意思看来倒在《惘然记》出版之前出现，以免细心的张迷把三篇文字拿来对照，弄不清原委。按语提到您的来信，引了那段有关的文字。

现在寄上《按语》，请过目。

以上是两周前写的，因事搁下未发。上周荣华又寄给您四期NYT Book Review，另有一本《The Complete Stories of Flannery O'Connor》，此人我极佩服，是天才作家，看她的作品有时会想起您来。

您近来的公寓问题有没有解决？洛杉矶近来大热，活动不便，请保重。祝

顺利

荣华嘱问候

信正

7.9

《桃花扇》一文的按语

按：此文于一九八二年写成第一稿后，曾寄请张爱玲先生指正。关于《色，戒》（指在《皇冠》杂志初次发表者）中的王佳芝，我觉得她不大可能爱上姓易的汉奸。爱玲先生在七月五日的信中作了这样的阐释：

“佳芝本来心理不正常，因为为了做特工牺牲了童贞，而同伙的同学对这一点的态度不好，给她很大的刺激。英文有句名言：‘权势是一种春药’，我想也是 a love potion。——应当添进去，多谢间接提醒我——她多少有点爱易，性方面也 OK。”

于是我在改稿时用了她信里的话来补充我的印像。前年我这篇文章和爱玲先生的短篇集子《惘然记》（皇冠出版社）差不多同时问世，她在送给我的该书题字后面写着“最后改写部份都勾了出来”。我翻到《色，戒》，果然作了若干增补，其中有几段就是进一步分析佳芝对易先生的心理（见页三六——三七），“权势是一种春药”这句话也加了进去。我读后颇为感动，这里提出来，以明原委。

《惘然记》出版后，我曾有意写篇书评，但当时忙着别的事，搁了下来。《桃花扇》也曾计划改写，可是要加的材料太多，有的且超出这题目的范围，只好等日后另写。

说明：

此信我未留底，张先生连同附件保存下来，但没有封套。

此前给张先生寄的信和书刊资料如下：

四月十八日去信，附余慕云《张爱玲和香港电影》一文。此文影印本仍在手边，但上面没有杂志名称（似为《明报》月刊）和出版日期，应该是一九八四年上半年，因为里面提到《倾城之恋》定于“今年暑期”公映。文中有“张爱玲小史”，把她祖父名字中的“纶”错成“伦”，并误认为她那时仍在加州大学工作。

五月九日寄《书评周刊》四期，一篇讨论她小说艺术的书的书评（细节已忘），和一本《古代日记选注》（上海古籍出版社，一九八二年）中所收张佩纶《涧于日记》的几个片段。其中有二处记他妻子——爱玲的祖母——归宁回来后谈到李鸿章。例如甲午（一八九四）年：“十一月初七日。晴。内人归，言为老人计，请筹款多买枪炮，老人颔之。噫，板屋同仇，闺中弱质，所见如此，而合肥犹冀和议之成，殊可叹也。”该书有台北学生书局影印版，四册。

六月六日寄《书评周刊》四期和 Jonathan Kwitny 所著 *Endless Enemies*（谈美国的帝国主义行为，例如不断地预设“假想敌”，从而干预其他国家内政，支持极权政府）。

我要出的书指《异乡人语》。因篇幅限制，《桃花扇》这篇长文未能收入。后来编进《海天集》时我在自序中指出该文“成稿于一九八二，如果在九年以后的今天执笔，当然会有很多新的意见，但这足够一篇专文的内容，只好另当别论了”。我极其遗憾未能在她生前把此文重写，或另写一文，请她改正。另一方面，我谈文学时经常引用她，以她为重要的论证依据；二〇〇五～二〇〇六年在台湾东华大学任驻校作家和二〇一〇年春季任客座教授期间开过两学期研究所的张爱玲专题研究。

奥康纳（Flannery O'Connor）是我最推崇的美国小说家之一，并觉得她与张爱玲不无相似之处。也是喜欢离群索居，尝戏称自己的态度是"you-leave-me-alone-or-I'll-bite-you"（别招惹我不然我会咬你）。美国杰出女诗人毕肖普赞奥康纳小说的话同样可以用来评价张爱玲："clear, hard, vivid and full of... more poetry than a dozen books of poems"（清晰，坚实，生动，并且……比十多本诗集还要富于真正的诗意）。不幸才气未尽而罹病早逝（她比张小五岁）。

我写此信当天唐文标因鼻咽癌逝于台湾台中市。

庄信正致张爱玲

一九八五年十月三日

爱玲先生：

我八月去日内瓦出差，荣华和小笠小昱一起去玩了一个月，九月五日返美。因此中间有几个星期未能为您寄 N. Y. Times Book Review；回来后寄上的想已收到了吧。

前天看到一篇文章题为《张爱玲病了！》我和荣华都惊骇起来，看完内容，才知道是关于跳蚤的事，并非真的生了什么病。但是从文章知道宋祁对您极为关怀，也是因为很久没有接到您的音信。我想为平息别人乱写文章计，您不妨尽快给宋去信，他毕竟是您最老的朋友之一。我们当然也希望您能来个便条。祝

顺利

信正

10.3

说明：

此信她连同附件——《中国时报》“人间”版九月二十一日所刊水晶《张爱玲病了！》一文——一起保存了。

水晶是张学早期有名的专家，但是鲁莽地用了这样耸人听闻的标题，而内容不过如此，确实令人惊讶。（二〇一八年按：可参看宋以朗主编《张爱玲私语录》页 249—254。）

宋祁：“祁”应作淇，笔误。

九月十八日寄她《书评周刊》五期。

庄信正致张爱玲
一九八五年十二月十五日

爱玲先生：

前去之信及每月寄上之NYT Book Review想都已收到。您近况如何，时以为念。便中可否请来电话谈谈？号码是……请打Collect。

信正

十二月十五

[贺年卡]

恭贺新禧

信正 荣华 修笠 修昱 敬贺

1985

说明：

此信封套已失。(每年给她寄的年卡几乎全是联合国儿童基金会为筹措基金所印制的。)

平均每次给她寄四至六期《书评周刊》；十一月四日寄六期，十二月三十一日寄五期。

庄信正致张爱玲

一九八六年三月二十六日

爱玲先生：

一年多没有接到或听到您的近况的消息了。我和荣华都时常想起谈起，但无事不愿多打搅您。每月寄上的 NYT Book Review 想都收到了吧，我们已经不敢断定您是否还在用这地址转信。

波士顿的郑绪雷在写英文张爱玲评传，曾与我通过几次电话，并将第一章（您的生平）初稿寄来。我因而想到，也确实该有严肃的谈您的文字了。如果我写一篇《记张爱玲先生》，倒有许多值得说的，长者至少可有三万字。我保存有您的全部来信(从一九六六年第一封，将近二十年，而且都编了号)，该可参考。此文当然会很受重视，可一稿两投，稿费可观。希望由您全部接受。

但此文必须您允许才能写，写好并一定先经您过目修正后再发表。如果您反对，我不会造次的。所以就渴望您来个短简了。

我的一本文集本月底由洪范出版，收的都是较短的文字（包括两篇忆夏济安先生的)，如果您有时间看，等五月底收到海路寄来后当即奉赠。关于您的那篇和另外几篇较长的专文，也计划字数充足后结集出一小书（八、九万字)。另一方面，如果《记张爱玲先生》一文能成，就有可能再写一两篇合成一本谈您的专著。

我们都很好，修笠去年开始长得很高了，有一度修昱差点赶上她，现在很明显看出是姐弟了。荣华一直在写些小品文赚点稿费。

敬祝

安好

信正
3.26

说明：

因为太久没有接到她来信，越来越不放心，二月十六日下午打电话给林式同，没有人接；晚上接他回电，说他也没有她的消息。

此前于一月二日把张先生一九六九年自拟的履历表寄给夏志清先生。二月十九日寄张先生《书评周刊》八期，五月十二日寄九期，六月二十六日寄七期，七月三十日寄五期。

郑绪雷：笔名司马新，英文名Stephen Cheng。以《海上花列传》为题获得哈佛大学比较文学博士。曾在*Renditions*（《译丛》）第十七、十八两期发表关于这部小说的长文。著有《张爱玲与赖雅》（一九九六年，大陆版名《张爱玲在美国》）。多年来在撰写英文张爱玲传。

我的文集指《异乡人语》；计划中的《记张爱玲先生》因不敢造次而没有动笔。

张爱玲致庄信正

一九八六年九月二十五日

Reyher

1626 N. Wilcox, #645

Hollywood, CA 90028

信正，

这些时一直惦记着没给你们俩写信，非常不安。但是抗 fleas 工作等于全天候带加班的职业，上午忙搬家，下午出去买东西补给药物与每天扔掉的衣履与“即弃行李”——大“购物袋”——市区住遍了住郊区，越搬越远，上城费时更长。睡眠不足在公车上盹着了，三次共被扒窃一千多，三次都是接连三天只睡了一两小时。只好决定除每天非做不可的事外，什么事都不做，多睡两个钟头，清醒点。信箱付月费才去一次，拿到信也全都不看，原封不动收起来。你的信都收到，纽约时报书评没工夫看，带来带去多天后还是抛弃了。写信不免要作交代，不多讲点细节又实在使人无法置信，太费力，费时间。大概是我这天天搬家史无前例，最善适应的昆虫接受挑战，每次快消灭了就缩小一次，终于小得几乎看不见，接近细菌。但绝对不是 allergy 或皮肤病。目前又有点小事想问你：NBC TV 的消费专家 David Horowitz 说有个 First Deposit Savings Bank 存款利率较高，因为收支全靠函电，省掉店面开销。不知道可听见说是否还可靠？

匆匆祝

荣华和你与孩子都好

爱玲

九月廿五

注解：

此信与她上信相隔长达一年七个月零十天，因此九月二十八日收到时荣华立即打电话到我办公室“报喜”。

但信里却同此前两封一样充满坏的消息。跳蚤“小得几乎看不见，接近细菌”，那么会不会是“疑心生暗虫”？林式同因此想起她十九岁写的那篇《天才梦》结尾的名句“生命是一袭华美的袍，爬满了蚤子”。从小她就惧怕与人来往时“咬啮性的小烦恼”；老年离群索居却真的有蚤子纠缠着咬啮她，使她东藏西躲，疲于奔命。“全天候”抵抗虫患和“史无前例”的天天搬家之外竟接连三次在公车上被扒；一九八〇年代一千多美元不是小数字，尤其对她来说。

David Horowitz 是美国有名的消费问题专家，经常上 Johnny Carson 等人主持的“脱口秀”。

庄信正致张爱玲

一九八六年十月十八日

爱玲先生：

接到您九月廿五日的信，我和荣华都非常高兴。您去年二月十六日的信我放在案上已经十七个月，我们的悬念就可想而知了。

关于银行的事，我问了几个人（我对这些事也不熟，但同事中有人颇知行情），结论是您不如把暂时（指至少两三年内）不用的钱存入 Ginnie Maes，把随时需要的零钱放在方便的银行里。您说的 Horowitz 他们也在电视上看见过，但没有亲身经验，不能评论，只认为：1）书信来往不便，存提钱都有丢失的危险；2）可靠该无问题。

我和荣华有一点钱从去年起存在 Ginnie Maes，也是因为他们说利息高，又有美国政府保险。所以您不妨考虑这样试做。L. A. 附近如 Sears 等大百货公司或专作此行的商号（L. A.Times 的 Business Section 会有广告）都可经办。可以书信或电话进行 transactions；每月有一次书面账目报告；除本钱外利息可自由提用。寄上我们这家商号（属 Sears）的 brochures，请参考。您随身不要带大笔现款（不超过一百元），宁用支票或信用卡。不然，不但会被扒，还可能出别的差错：美国大城市太不安全了，务请绝对注意人身安全！

我觉得以您现在的生活方式，住 L. A. 已无必要，不妨搬到 suburb 去，原因是：1）Fleas 想必是您近些年在 L. A. 住出的一种现象，离开这是非之地就会消失也未可知；2）市郊或乡村照样有图书馆，而且容易找到，地方也干净舒服，借书条件比较 generous；3）交通近便，叫 taxi 都便宜；4）安全——这是不容忽视的问题；连我们这边荣华和修笠修昱几乎从来不进 N.Y.C. 坐 subway，我自己除上班、逛书店以外，与 Manhattan 没有关系。

睡眠和休息是身体的根本需要，务请善自珍摄保重为祷！

十五号为您寄上一本 H. G. Wells，是他儿子 Anthony West 写的，内有许多插图。N. Y. Times Book Review 既然您不看，暂时就不寄了，免得徒然为您增加负荷。祝

安好

信正

10. 18

（荣华嘱问好）

说明：

Ginnie Maes：全名 Government National Mortgage Association（政府全国抵押协会），又简称 GNMA。是美国联邦政府发行的一种债券。我曾买过，所以向她推荐；她说没有政府保障，似是误会。

威尔斯（H. G. Wells）是张爱玲最常提到的两位西方作家之一（另一位当然是毛姆），她对他的科幻小说非常欣赏。见《流言》中的《烬余录》《更衣记》和《传奇再版的话》等。Anthony West 是威尔斯和尚未成名的英国女作家 Rebecca West 的私生子，从母姓。曾是美国《纽约客》周刊的班底撰稿者。

庄信正致张爱玲

一九八六年十二月二十日（邮戳）

爱玲先生：

上次寄上的信和Wells传想已收到。大陆上出的《传奇》（人民文学出版社）附有您照片一（张）和《有几句话同读者说》，为海外版所没有者。《十八春》为江苏文艺出版社版。

寄上一份剪报，大家对您仍然推崇之至。

请不必回卡，但便中请赐示您的近况为至盼也。

[年卡]

恭贺圣诞

信正 荣华 修笠 修昱 敬贺

1986

说明：

一九八〇年代初大陆论者和读者（重新）发现了张爱玲，导致张爱玲热。这年（一九八六年）一、二月相继再版了《半生缘》的前身《十八春》和《传奇》，我立即向香港邮购。

给她寄的剪报是这年十二月三日台湾《中国时报》"人间"版所刊若干作家对"谁会是最有希望得诺贝尔文学奖的中国作家？"这个问题提出的答复。其中朱西宁的最直截了当，只三个字：张爱玲。我的最长：

张爱玲或沈从文——诺贝尔文学奖今年给了非洲人，按照不成文的公平地域分配“原则”，就只有中国还没有人得奖，看来三五年内该有希望。(到目前为止巴金呼声很高。) 纯粹从文学观点来说，当前健在的老一辈中国作家的弱点是往往热烈有余而深沉不足，同情心不够博大，忽视人生的多彩多姿的复杂层面，笔下流于浅薄。张爱玲和沈从文是难得的两个例外情况。他（她）们也创出了自己的独特风格，尤其是小说语言，无人可以企及。张爱玲的著作量比沈从文少，但败笔也少，散文集《流言》和《短篇小说集》几乎篇篇精彩。八十多年来诺贝尔奖金榜题名者不乏二流作家，张、沈比他们有过之而无不及。

庄信正致张爱玲

一九八七年一月十三日

爱玲先生：

最近《明报》月刊和《联合报》重刊您的旧作《小艾》，想您已分别收到他们寄的剪报，所以我不再寄了。我买了两本《明报》，准备万一您需要；另外也有《联合报》，但缺第一天的。

《中国时报》“人间”版跟我要去了您的通信地址，说会写信。他们极希望您能为该版写点无论什么稿子。我建议他们与老板商量，给您特别优待。我想只要您有稿子给他们，稿费不必说是会特别高的；当然这并非您的唯一考虑。

今年下半年或许会有远东之行，如可能，希望能经过L. A.，拜访您谈谈。祝

年禧

信正

1.13

说明：

长篇小说《小艾》被重新发现后几家报刊竞相发表，在两岸三地和海外造成张学专家陈子善所说的“张爱玲震撼”。这年五月她收入文集《余韵》。

那些年高信疆和痖弦分别主编台湾《中国时报》和《联合报》的副刊，有声有色，都积极搜求刊载张爱玲的作品。写此信时“人间”

版由陈怡真主编；杨泽负责美国稿件。

三月九日收到台湾《联合文学》三月号，内有张爱玲专辑，刊出我致总编辑丘彦明一信的片段。

上年十二月一日忽接素昧平生的台湾成功大学英文系主任马忠良教授来信，邀我为他主持筹备的英美文学研讨会作一主题演讲；我立即开始积极准备。

庄信正致张爱玲

一九八七年九月七日

爱玲先生：

近况想好。上次的信想已收到。最近没有寄《纽约时报》书评周刊，因为觉得一大包而您只不过翻看，携带太不方便，不如碰到好的书时买来寄您，如果您有兴趣，那么比书评轻便而耐读，不至于让你拿着过马路或坐公车。

前些日子《明报》月刊主编告诉夏志清先生《小艾》的一笔颇为可观的稿费要交给您而不知地址，我请夏先生通知您，不知后来如何处理。日前郑绪雷说您的财务如稿费已托宋淇负责，我觉得这是最妥当的安排，想他已代办此事。

上信曾说过我返台一游的事，目前计划十一月中旬去，前后十天左右。您如有事需我效劳，请赐示。

祝安好

荣华嘱问候

信正

九.七

（如改变通信地址，请通知我，以免失去联络）

说明：

此前于二月二十三日寄她《书评周刊》四期；四月七日寄七期。

张爱玲致庄信正

一九八七年九月九日

Reyher

1626 N. Wilcox, #645

Hollywood, CA 90028

荣华，

信正，

我一切跟上次来信时一样。遇到这种奇祸，只能自己 sweat it out。收到信也全都没看就收了起来。这两本书因为预备寄本给你们，另一本请代送志清，所以每天搬家带来带去几个月，都没翻看过。今天趁便上邮局，附条寄来，也不写上下款了。——正在报上看《周门朱氏》。祝

好，孩子们都好。

爱玲

九月九日

注解：

这是她寄赠我和夏志清先生《余韵》时所附的便条，用了一大一小两个马尼拉封套（manila envelope；比普通信封大而厚实）；看来起初想要把书分别付邮，随即决定夏先生那本由我转交，因此把已写好的小封套（有邮票撕下的痕迹）放进大封套内。

对于虫患她自承无计可施，只能 sweat it out（硬撑；勉力挺过）。

《周门朱氏》指我不久前在《中国时报》“人间”版发表的谈鲁迅发妻的杂文，后来收入《流光抛影》。

这封信与她上封相隔又近一年，其间给她寄过四次信，又开始寄《书评周刊》（因为她一九八六年九月二十五日来信中只说来不及看，而没有嘱我们不要再寄）和其他书刊。

此信与我九月七日给她的信在邮寄途中错过。

庄信正致张爱玲

一九八七年十二月十二日

爱玲先生：

我十一月六日返台，廿二日返美。此行是应邀参加了一次英美文学研讨会，作了演讲。

台湾变得我几乎完全认不出来了，主要是我已十六年未去，但近些年经济之繁荣也是原因。

您的近况如何？有没有意思去台北重游一次？他们会很欢迎自不消说。我可以负责为您安排。

您还有我的电话吗？

（家）……（公）……

即祝

年安

信正 荣华 修笠 修昱 敬贺

1987. 12. 12

说明：

给她的年卡中所附的短简。

此前于十月十九日寄她两本书：英国女小说家莱辛（Doris Lessing）一部长篇（日记未记书名）和美国短篇小说家巴塞尔姆（Donald Barthelme）的 *Complete Stories*（短篇小说全集）。

庄信正致张爱玲

一九八八年二月十五日

爱玲先生：

近况想好。日前寄上 Peter Taylor 的小说集想已收到。

刚才（八时半）接到林式同来电，说他十一日收到您十日的信后立即开始为您安排公寓。正巧他们公司自己有一处新房，商定为您找好一间。他在给我电话以前给您打过电话，旅馆的人说您刚刚搬走。式同要我转告您：那房子对您颇合适。请您再和他联络，不妨前去看看房子本身及附近的情况。——他说应该都很理想的。他的电话是：

（家）……（公）……

昨夜看到 1981 年《文汇月刊》第十一期一篇《张爱玲传奇》（张葆莘作），是附在剧本《多少恨》（花城出版社，1987 年）后面的，不知您见过否？

匆此敬祝

年安（明天是除夕）

信正

2. 15 晚

如果您和式同联络不便，我可以居间代转，我的电话：

（家）……（公）……

请打 Collect。

说明：

此前于上年十二月十三日寄她年卡。这年一月十九日寄她英译加西亚·马尔克斯短篇小说集 *Innocent Erendira*。

此信的封套背面有她的手迹（影印作为插图）。内容和措词跟她一九八八年三月十三日来信有相同处，再参以《张爱玲私语录》第二百六十四至二百六十六页，可以推测是她这年二月二十六日给宋淇、邝文美夫妇一信草稿的一部分。[按：她是习于利用亲友来信的封套拟稿的作家之一；另有二手迹分别见我一九八八年三月二十一日和一九八九年十二月二十一日（邮戳）给她的信所附影印及解说。在这方面美国大诗人狄金森（Dickinson）非常有名。二〇一三年曾被收集影印出版。二〇一六年并出过选集，题曰 *Envelope Poems*（《信封诗》）。其手迹同张一样偶尔无法辨认。这样"废物利用"主要有两个原因，一是信就在手边，现成方便，二是可能为了省钱；狄金森如此，张更如此。]

我写信的这天晚上接林式同来电，说张先生十一日从洛杉矶北郊 San Fernando Valley（她两次来信都写成多数 Valleys，但看来只指这个）的 Red Wood Inn 汽车旅馆给他电话，告诉他跳蚤已经绝迹（却又犯了皮肤病），可以住公寓了，托他代找；希望房租不超过五百美元。及至式同安排就绪，十五日打电话给她时旅馆说她刚刚迁走，坐计程车往唐人街方向去了。其后他接到张先生的电话和信，信里提到前两天给我一信，就是这封。与式同讲完电话我立刻写了此信。

张葆莘这篇文章最初在《文汇月刊》披露后我曾于一九八二年九月二十九日寄给她；这里"不知您见过否？"指那本新书《多少恨》。参看一九八二年十月十四日张爱玲来信及注（130 页）。

《多少恨》是她根据一九四七年初所编平生第一部电影剧本《不了情》(桑弧导演;陈燕燕、刘琼主演)改写的中篇小说;一九八二年收入小说集《惘然记》时,她在这篇的前言中解释说当年电影放映后不多久便湮没了;她觉得可惜,遂有此作。不料她去世后《不了情》剧本竟又"出土",被编进她的文集《沉香》,陈子善在《编后记》作了详细交代。一九八七年广州花城出版社就以这个中篇为书名出了她一本文集;我说"剧本《多少恨》",有误。(手边无此书,不知是否后来给她寄去。)

Peter Taylor:美国小说家,主要写短篇,以南方为背景。我给她寄的是短篇全集 *Collected Stories*。

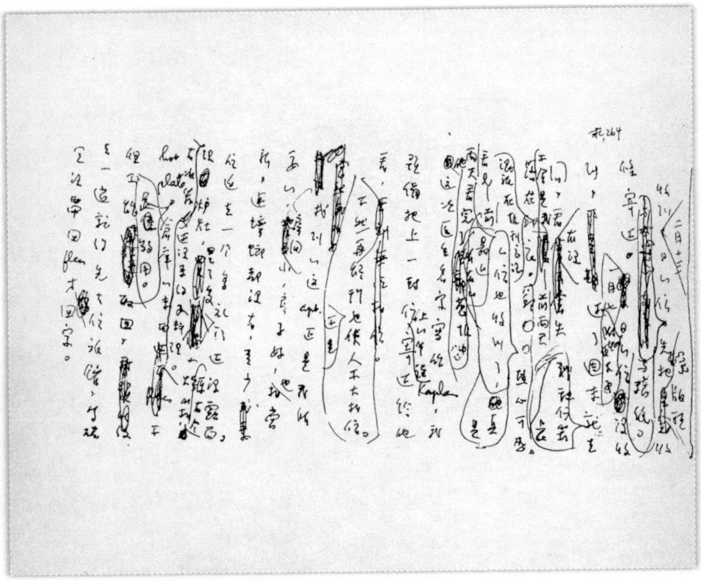

张爱玲在庄信正一九八八年二月十五日去信封套背面所拟的信稿片段。

张爱玲致庄信正

一九八八年三月十三日

Reyher

245 SO. RENO ST., APT. 9

LOS ANGELES, CA 90057

信正，

我前两年一直住在 Valleys，越搬越远，交通不便。不会开车住郊区是苦事。现在我的房子相当新，连蟑螂都没有。以前住的 singles 全都嫌太大，现在东西全扔光了，更不需要空间。所以专找所谓 bachelor apts.，才有小的。没炉灶，买个小烤箱，hot plate，就够用了。林先生给找的是 1-bedroom apt.，有两间房，太大了。这几年浪费许多钱与时间精力，累得无法看信回信，连我姑姑的信也都不拆看，尽管担心她八十多岁的人，信上会有她病了的消息。直到上月，理东西扔掉贺年片，才发现郑绪雷的一张上写了几行字介绍医生。去看医生，说是皮肤特别敏感，敷了特效药马上好了。大概 fleas 两三年前就没有了。找到房子住了进去。又耽搁到这几天才拆看所有积存的你的信，实在愧汗。《桃花扇》的新按语真好。我的信发表没关系。如果有声明请不要告诉人的话，需要涂抹得绝对看不见，若是原件付印的话。通常要找人用稿纸抄一份，抄手往往有错字，排字又再添一批错字。遇有英文字，连 print 都会拼错，第一个字母又爱滥改大写。只好请多校两遍。还有我离开 Kingsley 后这几年的信涉及近况，我自己预备写一篇。这几封信是否公开，要请先影印一份寄给我看看，比较妥当。已经耽搁了你的书出版，真抱歉到极点。你跟荣华带孩子到日内瓦玩，真是良辰美景，正是时候，太好了。Ginnie Maes 我暂不去存钱，因为到底没政府保障。积压的事太多，有些急等着做。过天写信给志清。我的地址如下：

245 SO. RENO ST., APT. 9

LOS ANGELES, CA 90057

TEL. 384-6867

电话不能不装，万一生病，几条街外才有公用电话。还是不想打电话。号码请不要告诉人。书刊都收到。积存的 Times Book Review 如果还在，等有空就请寄给我。你们俩都好？孩子们想已大得我无法想像了。

爱玲

三月十三

注解：

这信同上信相隔半年多。三月十七日收到后当天为了她的住处问题与夏志清先生通过电话。十九日和二十日电林式同多次，没有人接。

singles：单身公寓；有的颇大，设备很考究，非她所需要。

1-bedroom apt：一房一厅的公寓，对她更不合适。bachelor apts. 有比较简陋的，她可以住。

hot plate：“热板”；极轻便，可用来做简单的烹饪和保温。

为虫患、病症和搬家所苦而“累得无法看信回信”；是否也可能是一种潜意识的规避，例如姑姑的信上如果提到生病而她爱莫能助反而徒然影响心情妨碍写作？

关于郑绪雷为她介绍医生，我二月二十八日接他来电说收到宋淇的信，内容与张此信相同。

她说我可以发表她的信，乍看我颇为纳闷，后来悟出是两年前给她的信里说到等我再写关于她的专文时她给我的信"该可参考"(见一九八六年三月二十六日我给她的信，210页)，她"拆看所有积存"的我的去信时匆匆忙忙看走了眼。我马上给她写信澄清，即下信。

print：印刷体（特别指英文大写）。她的意思是用这种正楷字体郑重拼写而排印时仍会出错。

庄信正致张爱玲

一九八八年三月二十一日

爱玲先生：

我和荣华收到您十三日的信都很高兴您找到公寓安定下来。荣华今天为您寄上 NYT Book Review 七期，以后会像从前那样随时寄奉。

前两年我原计划出一本文集把《桃花扇》载入，但书店不喜欢太厚的书，所以把几篇长文章抽出，只把以专栏短文为主的文字印了一本《异乡人语》。今年开始写一篇关于《金瓶梅》的长文，拟与《桃花扇》等合为一集出版，但写了三万字又去忙着回台湾开会的论文，至今未再续写，下半年看情况再说吧。我没有计划发表您的信，好像前年曾有意写篇谈您的文章，里面会用到手边保存——应该说“什袭珍藏”——的您的来信。此文如果写成，一定会先呈您过目、随意改正的。

我正在应一书店之邀编一本中国小说近代小说选（至 1949），希望能特别突出您、鲁迅、沈从文、萧红和老舍等人。您的作品想收至少三四篇，不知对于取舍您有没有指教。

Ginnie Maes 据我所知，没有危险性。但近来股票市场大降之后，大家对什么都没有信心了。放在银行倒不必怕风险。去年我们听了同事的劝告，把一万多存款从 Ginnie Maes 提出放进 mutual funds，结果十月那两次狂跌，到现在反而赔了两千多元。您有没有申请 Social Security？每月可拿三四百元外加医药费等。我父母正要用自己的存款买个 Coop，然后申请。这十二年我每年平均为他们支付五千左右，负担颇重。

修竺考上 Johns Hopkins 主办的夏令营，今年第一次离家寄宿三周；修昱也可以荣誉学生上 Summer Camp。

祝福

荣华嘱问候

信正
3.21

我已打电话告诉志清先生您来信了。

说明：

关于《金瓶梅》的这篇长文有很多谈技巧的地方引乔伊斯 *Ulysses* 作为比照，牵涉太多，越写越长，未能完成，至今仍然同另外一篇张爱玲、沈从文合论一起被放在抽屉里，每次查资料看到时便不免感到刺眼。

此信封套背面又有她的手迹，影印作为插图。

笔迹不难辨识。右边是“金元券 /PA/LA”等字样；接着似是拟三天——“27/ 星期六、28/ 星期天、29/ 星期一”——的日历；但如果是这年当月，则二十七日应该是周日而非周六。中间写着“又，我要写的‘几篇（不相干的）短文’也与大陆不相干”。靠左开始谈我三月二十一日给她的信，摘录了部分内容；并说“大概忘了他前两年来信说要在评我的作品的《桃花扇》中收录我所有的信”。

根据我的推测，这两个片段是她给宋淇、邝文美夫妇一封信的草稿。关于我的部分，可以这样解释：我一九八六年三月二十六日

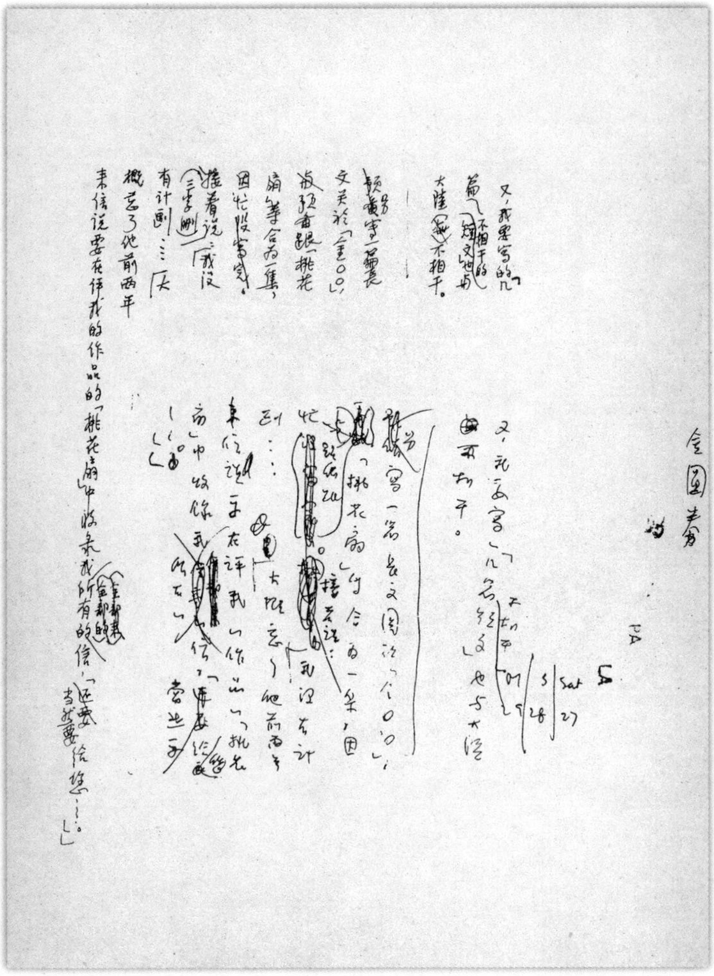

张爱玲在庄信正一九八八年三月二十一日去信封套背面所留的手迹。其上为庄所作的揣摩。

的信说的是“该可参考”而非“收录”；她四月二十六日给我的信说：“我直到今年找房子住定下来才拆看你这几年的信，匆忙中又看错了以为要发表我所有的信，实在荒唐可笑。”

《张爱玲私语录》第二百六十页摘录她这年五月十四日给邝文美的信中提到我，说“跟他这一夕谈之后，更觉得《余韵》《续集》这两本书是虎口余生，好不容易都亏 Stephen 惨淡经营，无中生有，简直使人心酸”。“一夕谈”指两天前（五月十二日）我跟她在电话上所谈四十五分钟内关于选集的事。参看她下一封信及注。

张爱玲致庄信正

一九八八年四月二十六日

Reyher

245 SO. RENO ST., APT. 9

LOS ANGELES, CA 90057

信正，

最近的信与纽约时报书评都收到。这本杂志也是人家给的，今天趁便到邮局寄给你随便翻翻看看。我直到今年找房子住定下来才拆看你这几年的信，匆忙中又看错了以为要发表我所有的信，实在荒唐可笑。一住定下来马上忙着看牙齿，也是因为耽搁太久，统统坏得不可收拾。Ginnie Maes 我当时看了你的信马上打电话去问 Sears，说只有 Glendale 的 Sears 代办。路远没来得及去。我说的“政府保障”是银行 savings & loans 倒了代赔。所以我后来想着，够用就算了。当然珍视这 information，留着备用。在中国时报上看到你的文章，都极好。出了书请寄本给我。他们要稿子，我因为写得太少，难得有一篇就寄给代理人宋淇，一稿数投。中国时报如果不介意那样，就请他们告诉宋淇一声。你编的选集收我的小说的事，我不能不顾到以前有桩事：联副有一年选我在副刊上发表的《谈吃与画饼充饥》一长文为那年的联合散文集之一，我去信表示反对，因为我平时写的东西极少，对选我的作品入选集的要求一直拒绝，因为如果此例一开，自己的作品的销路会受影响，对不起出版社。如果联副一定要选，我可以退还稿费。接信后，痖弦特地通知出版社毁版抽出那份稿子，重新用别的稿子代替，表示一定尊重我的意见，虽然他们向例是有权出文集收入所有联合报上刊出的稿件，我是不知道，否则应当投稿前预先声明，所以是我对不起他们。现在如果同意选入你编的集子，无法面对痖弦。我想你一定能谅解这情形。不写了，赶紧要出去，顺便寄信。问候荣华，多谢她打包寄那许多书评来。正在看。你跟孩子们也都好？

爱玲

四月廿六

注解：

此信与这年四月号 *Vanity Fair* 放同一封套寄来，杂志同前几年她寄赠的一样也是该刊赠阅的。她写信前十天林式同来电话，告诉我张先生的新住址和电话，并提到她曾向他解释为什么没有住进他的公司所经营的公寓。

上信中她说那几年浪费了太多时间精力，累得连她姑姑的信都没有拆看；此信又说我给她的信积压了几年才拆看。我检查过，发现她一九八四年八月二十九日来信中提到看过我七月二十八日给她的信，其后六次来信都只说收到我的信而未提是否看过，这三年多当中我给她的信光是她保存下来的就有十三封，即从一九八四年九月五日到一九八八年三月二十一日的去信（我只有一封——一九八六年三月二十六日——留了底）。她下一封信（一九八八年九月二十一日）提到那记者掏去的垃圾里有一大叠信“是前几年流浪中收到，一直带来带去的”；可见她的生活已经多么不安定。

与 Ginnie Maes 有关的几个英文词：Sears 的全名 Sears，Roebuck

and Co.，当时全球最大的零售商，美国到处有店。Glendale 为洛杉矶北郊镇名，属于 San Fernando Valley。savings & loans 指储蓄存款。

她看到我在《中国时报》“人间”版发表的文章是一些专栏性杂文，后来收入《流光抛影》，一九九三年九月二十二日寄给她，附一信，未保存。

庄信正致张爱玲

一九八八年四月三十日（未完稿）

爱玲先生：

今天接到您的信和 Vanity Fair，多谢。前些年您曾送我们两期该刊，始终保存着。

去年洪范书店约我编一本《中国现代小说选（1918—1949）》。希望在台湾"解禁"以后从纯文学标准精选出一本集子来向读者介绍当年中国短篇小说的成果。我当时的构想自然就是以鲁迅始，以您结束，前后两大家正好压得住阵。原说七月底前将书稿编好寄给他们，上月突然决定提前要我于五月底交稿。上次信里我匆匆提了此事，或许没有说清楚，看您信后我想应该进一步将我的意思奉告：

（1）这个选集约三十万字（分上下两册），作家二十人左右，按年代排，鲁迅为"先锋"，您殿后压卷。

（2）集中没有您，就太 conspicuous。尤其《金锁记》，我认为是这段时间短篇小说的杰作（《阿 Q 正传》算是中篇——但也入选）。

（3）关于您信中提到的 scruples，我刚才打电话给洪范的创始股东之一杨牧，他说对您的权益绝对有益无害。他甚至怕这样您会受出版商独家 exploit。——事实上，如果对您不是有利，我不可能考虑作。我把您的权益放在自己的利益的前面。（杨牧说只要您首肯，一切安排可由其总经理妥为办理。）

（4）这本集子与联合报那本不同，那本要选的是您未结集过的近作。痖弦是洪范的四个创始股东之一，也是我三十多年的老朋友，他那边绝无问题。

(5) 我想冒昧地这样建议：我这边因急于要交书稿，所以先把您的《金锁记》和《倾城之恋》给他们去排。书很厚，要等八、九月才能出版。您不妨考虑一下或与宋祁先生商量一下。如决定仍不可行，请即赐示，我负责叫书店停排或抽出（都并不麻烦）。

说明：

我要编的小说选计划收她的作品，完全没有料到她会反对。后来想起一九三〇年代鲁迅等人的看法；其时出版界无法无天，名家出书后其中的文字往往被很多所谓“选集”擅自收入，以致读者反而不必买原作者的专集了。但她此信中委婉的解释我无法同意，所以收到她的信当天开始写这封信向她进一步恳切陈情，未写完却觉得这样会使她更加不安，遂停笔；但至今还保存着，附录在这里作个记录。顺便补充一下：当时洪范书店三位主持人杨牧、叶步荣和痖弦都曾向我提到她的旧作版权已经过时，失效。

写此信当天收到她二十六日来信和 *Vanity Fair* 四月号，同前几年她寄赠的一样也是该刊赠阅的。

《中国时报》“人间”版当时在美国由杨泽负责组稿；五月六日打电话给他，转告张先生四月二十六日信里关于为《中国时报》“人间”版写稿是否可以“一稿数投”的事。五月四日把我的《异乡人语》和新出的《尤力息斯评介》寄给她；附短简，未保存。

“我是名演员嘉宝的信徒，”张爱玲在《续集》自序里说，因为她“一生信奉‘我要单独生活’的原则”。越要单独生活越显得神秘。我听说有人为了写关于她的文章而搬进她的公寓，此前于五月十二日打电话给她，第二次她竟接了，谈了四十五分钟，除了关于公寓和有人企图刺探的事（见下信及说明）以外，我顺便再提到选集，她表示：(1) 原则上就反对 anthologies；(2) 此前台湾《皇冠》方面发生过《赤地之恋》出版的过节，她觉得对不起人家，不能再那样做；(3) 刘心皇所编《中国现代中短篇小说选》把《金锁记》选进去并没有经她许可，与唐文标的做法是一样的。参看她一九八八年九月二十一日来信及注（245 页）。

庄信正致张爱玲

一九八八年八月三日

爱玲先生：

日前接到林式同兄来电，知道您搬家的事。您搬到这边很好，应该比较地道。以前您住处被记者翻查了垃圾，写了文章，幸好编辑对您很 loyal，未用。

关于我编的近代中国小说选，上次通电话后决定不选您；但没有您，这本集子是没有意义的，而且不好向读者解释，所以连带不选许地山和凌叔华（当时计划在序里向读者郑重推荐你们三人的所有作品；因在台湾都有全集，故不列入——这样或可逃过只不选您一人的“厄运”）。但遭书店拒绝出书；只好另外设法了。我选得很严，巴金、茅盾和张天翼我实在认为太糟，根本没有容纳。寄上目录一份，不知您有何指教？因为还是会有书店愿出的。

今年中国时报文学奖邀我作小说评审之一，正值暑假，而荣华、修笠、修昱已八年未去台湾，所以全家借此同游，八月七日动身，九月十日左右返回。

式同在电话上说，您现住处的 manager 对您的饮食起居曾表示关怀。我告诉他您多年来习惯如此。但同时我也记起您十多年前的饮食习惯，我觉得最好还是能力求平衡，如蔬菜、水果、牛奶、鱼类，都可常吃；光吃蛋糕会失之太偏，对健康不利。夏志清先生这方面颇有研究，近些年身体极好。他对您十分关心，每次见面或通电话都会谈到您。

因为式同没有告诉我您的新址，此信烦他转交，等知道您详细通讯处后当即开始寄上报刊和书籍。即请

暑安

荣华嘱问候

信正

8.3

说明：

此信先寄林式同，由他转交；张先生保存下来，但无信封。

上面我四月三十日写而未完的信的说明里提到五月十二日与她电话上谈的其他内容包括下列各点：(1) 痖弦曾要派一戴姓记者来访谈，她婉拒了；(2) 她不得不把新住址通知《中国时报》和《联合报》，因为他们要寄赠阅的报；(3) 公寓有东方人，但还没有找她搭讪；(4) 这几天又在生病（感冒），没有出门；(5) 我听说那地区治安不好，她说还可以，且林式同也是这样看法；(6) 这公寓没有虫子，却有老鼠；(7) 公寓只签约半年，她想托式同另外再找。

六月六日寄她《书评周刊》六期。六月二十二日接林式同来电，大体内容：(1) 张先生接我电话后立即给他电话，说有记者搬进她的公寓刺探，她想尽快搬走；(2) 她两星期前已迁入他新建的公寓（式同《有缘得识张爱玲》中说是年底）；(3) 他告诉她，他以前不知道她是什么人，而且他自己不是文人，与文坛没有来往；(4) 已交代公寓的经理对她特别照顾，并且不要告诉任何人她搬进来；(5)

据经理说，她很少出门，他把邮局送来的书刊放她门口，往往三四天不拿进去；(6) 经理发现她房间温度高至华氏八十度，他调低到七十度，第二天又升回八十度（我猜想该是因为她经常感冒——后来十一月七日式同来电又提到她怕冷，房间温度总保持八十度）；(7) 她饮食不正常，只吃店里买来的 pies，对经理说吃别的东西会吐。我告诉式同她多年来时常生病（主要是感冒）；吃东西异于常人，往往只吃蛋糕、饼干之类；请他告诉经理尽量不要打扰她。

七月六日我给式同电话，谈张爱玲。我告诉他这次她的新住址我不想知道，写信时就烦他转交。此信开头显示她已经看出式同绝对可靠；三年后指定他为遗嘱执行人。七月十三日中午我同夏志清先生餐叙，他提到那女记者掏得的垃圾里有张爱玲给他的信的草稿。

宋以朗退还的我一九九〇年十二月十七日寄给张先生的年卡封套内夹有她所抄此信的近乎全文。乍看我很纳闷：首先她是什么时候抄的，是接到我此信之后还是接到我一九九〇年年卡之后；另外是她为什么要这样，如果是想让宋淇夫妇看，为什么要不厌其烦地先照抄一遍。至终无法猜测。现在影印在这里。

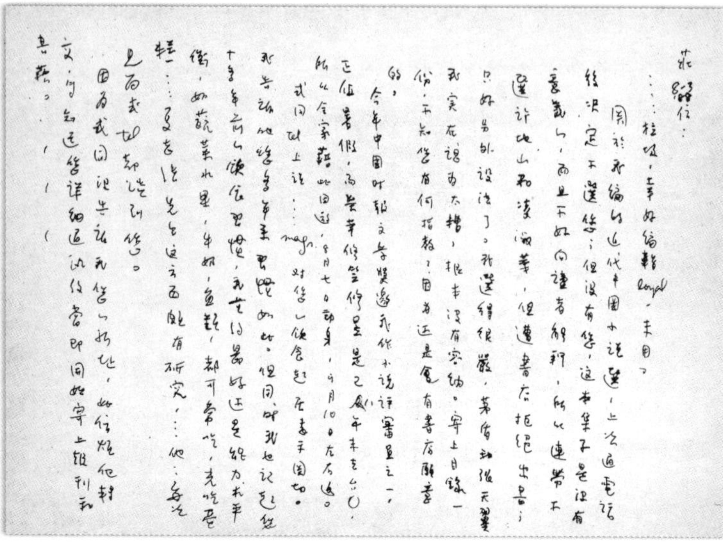

张爱玲抄写庄信正去信的手迹。

张爱玲致庄信正

一九八八年九月二十一日

Reyher

1626 N. WILCOX AV., #645

HOLLYWOOD, CA 90028

信正，

我以为这里的地址林先生会告诉你，所以没来信通知。别处也只说迁移，继续用租的信箱（1626 Wilcox Av., #645, Hollywood, CA 90028）。林先生答应代保密，会认真到这程度，不愧是你的好朋友，一丘之貉，实在难得，我真感激。你信上说附寄目录，没寄来。其实我看了也没用，不会有意见供献。事实是我对一切选集有偏见。收到这封信跟上次电话上一样 painful——让你这样为难，我自己也损失重大，当然能跻身于这选集里于我有帮助。记者掏垃圾的事使我毛发皆竖。尤其是临走因久病积下十廿袋垃圾，刚好点就理行李搬家，精神不济，有一包东西混入垃圾袋内，里面有一大叠信，是前几年流浪中收到，一直带来带去的。没什么秘密也头痛，这篇掏垃圾记虽然没刊出，恐怕迟早会出现。我其实最注重 balanced diet，除了淀粉质吃得少，高蛋白质胆固醇太高，影响心脏。现在也改吃脱脂牛奶了。新公寓经理有一次帮我拎大包小裹食物。他住在 Valleys，大概习惯开车到中国超级市场买新鲜蔬果鱼肉，我买的都是冷冻盒装，看不清楚，他只看见两个 pie box。我告诉过林式同我常吃 pie，（其实是鸡或牛肉馅的，甜品只吃 pecan pie，不是天天有，碰上就得多买点）因为他问起住旅馆是否吃饭成问题。所以就当我只吃甜 pies？此外我实在想不出这经理怎么知道我吃些什么：一天两条鱼，深绿菜叶，无盐花生酱，水果不好就吃黑枣……你说记起我十多年前的饮食习惯，我只记得你也是像林式同一样问我吃饭问题。我说没厨房，不得不吃馆子的时候就叫个青菜炒肉片之类，不吃饭，把菜全吃了，荤素都有了。此外除非你是听於梨华说我那次在 Albany，那是因为我不要她请吃饭，下午两三点上飞机前路过冰淇淋柜台吃了一客冰淇淋苏打——飞机上没饭吃。也是因为我老是病病哼哼的，不怪人总以为我不善摄生。前一向接连感冒两个月，一直这些年医药无灵，这次又去找医生，说也许是 allergy，给了一种新出的药，居然见效。就又继续看牙齿，要看到明年了。皮肤病忽然又恶化，医生看得不停。我也常惦记着志清。前两年他要一本《红楼梦魇》，我去信说下次跟皇冠通讯时托他们寄一本去。不料直到最近才跟皇冠编辑通信，她又看错了书名，寄了一本《续集》去。我又写了信给她。我自己预备寄《续集》给你们和志清，迄未寄出。你们台湾之行想必愉快，评选小说可有趣？来信请寄

433 So. Lake St., Apt. 322

Los Angeles, Ca 90057

爱玲

九月廿一

注解：

对于不愿让我把她作品编进选集她表示 painful，并重申“对一切选集有偏见”。这使我觉得四月三十日那封信未完而止是对的。

戴文采根据她租住张爱玲公寓隔壁的所见所闻——包括掏垃圾的收获——写成长文《华丽缘——我的邻居张爱玲》，但原先找她的报社没有采用，遂改投《中国时报》“人间”版，被主编季季拒绝。张先生下一封信嘱我代向季季道谢。戴的文章一九八九年收入她的文集《女人啊！女人》。张去世后戴写过悼文《玫瑰园里的狮子》。

此信针对我八月三日信内所说我和夏志清先生对她饮食习惯的关切郑重地作了辩解，强调她“最注重 balanced diet”。她对自己饮食均衡的描写使我想起《小团圆》第三章开头有一句说：“九莉从小听蕊秋午餐训话讲营养学，一天不吃蔬果鱼肉就有犯罪感。”

pecan：美洲产山核桃。

Albany：纽约州首府；州立大学一分校所在地。张先生曾应於梨华之邀去该校作过演讲；於在悼文《来也匆匆——忆张爱玲》中提到，临别时二人去咖啡馆，张要了一杯“香草冰淇淋苏打”。

allergy：过敏（症）。

这年季季邀我为《中国时报》文学奖担任评审；正逢暑假，我们一家四人便回台北住了一个多月。在那里已经先买到一本《续集》。

十月三日给她一信，已佚；当天寄她《书评周刊》七期。次日把我书稿《异乡人语》的目录寄给她。

庄信正致张爱玲

一九八八年十一月二十二日（邮戳）

说明：

这天上午接季季来电，谈到掏垃圾的事（见我下一封信）。下午寄张先生两份剪报（没有附信），由她保存下来：(1) 美国《中报》副刊“东西风”所连载戴文采《华丽缘—— 我的邻居张爱玲》五天；当时该刊由曹又方主编，头一天特别在文章中间加插一段广告：“焦点 / 青年女作家戴文采 / 华丽缘——我的邻居张爱玲 / 隆重推出 / 张迷们万勿错过”；(2) 香港《大公报》“大公园”副刊连载施康强《评张爱玲注译〈海上花〉》两天；其中指出“译文与原文相比，精彩大失。译者也是不得已而为之……倒是张爱玲作的注更有价值。注数不多……注文一般也不长，但时见新义胜解”。

庄信正致张爱玲

一九八八年十一月二十五日

爱玲先生：

前信（一个月前寄的）想已收到。前两天寄上戴文采文章剪报，当时以为还有好几天才能刊完，故先寄上，结果除那五次 installments 后只有这第六次就是最终了。现奉寄。

我太气，至今竟一天也没有看。荣华倒看完了，当然说是极其下流无耻的行径和文字。

前天中国时报人间版主编季季来电话说戴又把稿子寄给该刊求登，并打电话催问，为季季严拒。季季说为了给您继续寄报，要您地址，我把信箱号码告诉了她，她可能会给您写信。匆祝

安好

信正

11.25

说明：

此信和剪报张先生保存下来。我写信当天把戴文也影印寄林式同。三天后接曹又方电，说她已辞“东西风”职位。又方于二〇〇九年病逝台北。

庄信正致张爱玲

一九八八年十二月十六日

爱玲先生：

两次寄上剪报（中报）想已收到。日前曾寄上几期 NY Times Book Review。很久未寄书给您，因近来此间书店或者关门，或者改为强调录音带、录影带、日历等，书不如以前那样多了。

（您一定很忙，请不必回卡。）

[年卡]

Greetings of the Season

And Best Wishes for the New Year

信正 荣华 修笠 修昱

1988

说明：

此前于十二月接林式同电，说看了戴文也感到惊诧。五日寄张先生《书评周刊》五期。

张爱玲致庄信正

一九八八年十二月十七日

REYHER

1626 N. WILCOX AV., #645

HOLLYWOOD, CA 90028

信正，

刚看完去年的纽约时报书评——还是天天搬家的时候一直带来带去的——就收到今年的一包，这么巧，刚接上。(“去年”“今年”可能错误)这倒又收了一包。老是让荣华费事打包。前一向因为感冒，好几天没去开信箱，所以你的两封信一齐到。《我的邻居》我也只跳着看了看大致内容。总算没登在中国时报上。得便请代向季季道谢。给你们拜年。我觉得这卡片上的雪景特别逼真。

爱玲

十二月十七

修笠姐弟都好？

注解：

寄年卡时所附短简，写于我寄她年卡的第二天。

括号内那句话是原文，该是“去年”，因为她老是搬家，未能给她寄书刊，直到这年六月六日才又寄《书评周刊》六期。

季季拒登戴文采的文章，张爱玲曾写信向她致谢。这里另外嘱我代为道谢，在给宋淇的信里也提到过。季季后来与张子静合著《我的姊姊张爱玲》(有两个版本：一九九六年；二〇〇五年)，并写过《我与张爱玲的垃圾》《张爱玲的晚年生活》等文字。

这张年卡上的雪景（见插图）是联合国儿童基金会（United Nations International Children's Emergeney Fund，简称 UNICEF）发行的，印了法国印象派大师莫奈（Monet）的名画，题为 *Boulevard Saint-Denis, Argenteuil, in winter*（法文原文为'en hiver'）。该镇为巴黎西北不远处塞纳河北岸古城，莫奈在那里住过四年（1872—1876），画了很多当地景色。一八七五年有一天大风雪，过后人们外出上街；这是他在现场的写真。《流言》中《谈画》和《忘不了的画》是两篇极精彩的散文，充满神来之笔。后者主要是谈塞尚，但显然她对莫奈也非常欣赏，一九八九年初给郑绪雷的信说她此前有过他的一本画册，"是黑白的！没彩色——因为战时经济？"（她尝说"不喜欢 greeting card"。见《张爱玲私语录》第一〇九页。一般贺卡图文都恶俗可憎，这张自然是例外。)

张爱玲一九八八年十二月十七日寄给庄信正的年卡。

张爱玲致庄信正

一九八九年五月二十日

REYHER

1626 N. WILCOX AV., #645

HOLLYWOOD, CA 90028

信正，

伤臂写字不便，赶寄这张便条来。N. Y. Times Book Review 启封爬出一小花甲虫，（一种小蟑螂？住旅馆见过）还有过一个压扁了的。再讲究的房子也有蟑螂，只有此地新房子没有。一旦有了，于我价值就减半。吓得连夜整大卷扔掉。不要寄给我了。荣华和你跟修笠姊弟都好？

爱玲

五月廿日

怕荣华费事打的包又被我投入焚化炉，所以急于写这条子。

又及

注解：

此信所说 *N. Y. Times Book Review* 指二月一日寄给她的七期；同时附有美国小说家契弗（John Cheever）最后一部作品、长篇小说 *Oh What a Paradise It Seems*（一九八二年）。四月二十四日寄她《书评周刊》五期和该报三月十七日所刊 Richard Bernstein 关于但汉章自编自导的《怨女》的影评；影评很不客气，认为情节和人物都嫌老套，充满陈腔滥调。文章根本未提张爱玲或原著，显然没有看过 *The Rouge of the North*。此文她当然会感到失望；这封信里没有提到。Bernstein 原在 *Time* 工作，一九七九年创设该刊北京分社，任社长，后来转到《纽约时报》；写过许多有关中国的文字。关于电影《怨女》，参看我一九九一年十二月十六日给她的信及说明（290 页）。

张爱玲晚年睡眠越来越不正常，她一九八五年二月十六日来信说由于睡眠不足，“出去奔走就屡次差点闯祸出事”；一九八六年九月二十五日来信又提到在公车上打盹，接连被扒三次共一千多元；现在又是走路被人撞倒，而且伤势不轻。这年五月和八月她给姑姑的两封信里说她三月过街时被一中南美洲男子撞倒，“右肩骨裂，算 broken arm”。她给我的这封短简字迹大大异乎她平常的圆融舒爽。（见插图）她行动时往往心不在焉，不够沉稳：“我走路总是冲冲跌跌，在房里也会三天两天撞着桌椅角。腿上不是磕破皮肤，便是淤青。”（胡兰成，《今生今世·张爱玲记》第五节引）前面一九七三年八月十六日来信曾提到“需要去看耳朵（因为洗头有个小 accident）”。

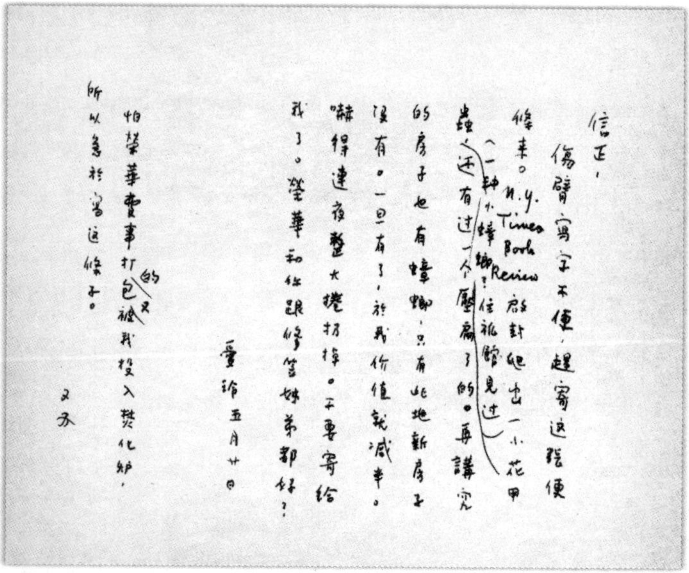

信正，

傷臂寫字不便，趕寄這張便條來。N.Y. Times Book Review 啟封爬出一小花甲蟲（一种小蟑螂？住旅館見过），还有过一个壓扁了的。再講究的房子也有蟑螂，只有此地新房子沒有。一旦有了，於我价值就減半。嚇得連夜整大捲扔掉。不要寄给我了。瑩華和你跟修篁姊弟都好？

愛玲 五月廿日

怕瑩華費事打包的又被我投入焚化炉，所以急於寫這條子。

又及

张爱玲手臂受伤后写给庄信正的便条。

庄信正致张爱玲

一九八九年五月二十六日

爱玲先生：

昨天接到来信。既然我寄的书评内有虫子——不会是蟑螂——我就不再寄了。事实上正好我最近想直接去订一份又便宜又迅速。已经写信给 NYT，想不久该可直接寄您。此事务请不要在意，我做这种小事比您方便，“有事弟子服其劳”，正是我乐于为之的。（您忙，请不必来信。）

我那本《小说选》定 7 月 21 日出版（改由尔雅），上下两册，内容即我上次寄上的目录所选另加鲁迅两篇。前天刚把序寄给隐地。

臂伤想已好，身体最重要，我近些年来大为注意，从饮食到散步、跳绳、上下楼梯，都在随时留心。祝

福

信正

5. 26

说明：

既然她发现此前寄她的两次《书评周刊》中有“小花甲虫”而“连夜整大卷扔掉”，我们便决定替她订阅，由报社直接邮递。写此信当天下午寄支票给《纽约时报》为她订阅一年（五十二期），说明期满续订。她爱看这份杂志令人想起她爱看通俗文学作品和当年上海的小报。《纽约时报》是全球有名的大报，其书评（除周末的专刊以外，

周一至周五每天都有至少一篇）却很“软性”，基本上迎合大众趣味。

她也喜欢看书目；我寄过 Daedalus、Scholar's Bookshelf、Edward Hamilton 等邮购书商和牛津等大学出版社的书目；其中每条附有关于内容的推介，尽管是隐恶扬善的广告，有的却形同小型书评。

张爱玲致庄信正

一九八九年六月十八日

REYHER

1626 N. WILCOX AV., #645

HOLLYWOOD, CA 90028

信正，

多谢订 Times Book Review。此地黑人邮差在电话上想要小费，我交了五元给 apt. mgr. 代给，不料副理径去邮局把他捺下的一封挂号信代取了来，钱又还了我。从此我订的杂志老寄丢了。如改寄 Wilcox Av. 信箱，店里人边吃午餐边看，油污狼藉。期满不订了。Times Book Review 也请不要续订，免麻烦。以后要订再说。（不吞没也可能做点手脚。）我手臂好多了。匆匆祝你们都好。

爱玲

六月十八

注解：

美国每年圣诞节前给某些服务人员礼金是传统习惯，而首先就是邮差，因为一年到头风雨无阻确是很辛苦；如果不给，不高兴是难免的。张先生交五元给公寓经理（apt. mgr. 是 apartment manager 的缩写）数额不小，那副理没有转交反而误事。我在下信说“不一定要给钱”是安慰她的话。

期满不订了：主要该是指英文侦探杂志，光是赠阅的就看不完了。

庄信正致张爱玲

一九八九年八月二十二日

爱玲先生：

前信奉悉。关于纽约时报书评周刊的事，请不要在意。我订阅时已说明期满后通知我，届时续订十分方便，订费又这样便宜。至于邮寄时的小差错，也许与大公寓有关。邮差那边您不一定要给钱。我们这边每到年终给十元，那是因为服务较好，给他一点鼓励。如果邮差太不负责，可打电话去邮局找 supervisor 说明。

前些日子我一位同事去 L. A. 见到林式同，回来时带来他的话说："你在 L. A. 的那位朋友一切都很好。"我知道是指您，便打了个电话，但式同夫妇不在，我在留话机上留了话。

我那本《小说选》出版了。寄上编者序请过目，写得太笼统简单。您是否记得有谁的作品值得选，便中请赐示，如有再版机会当即增补进去。

祝

安好

信正

8. 22

说明：

《书评周刊》一年订费才美金三十一元五角（一九九三年续订时为四十二元二角二分），比自己包装付邮要合算，方便。

此信与我为《中国近代小说选》（上下两册；一九八九年）所写的编者序张先生保存下来。序文很长，这里只择录有关张爱玲的片段如下：

> 从鲁迅开始，一九一八年到一九四九年期间的小说创作者大半来自乡下，对农村的情形最为熟悉，自然而然地容易就地取材。……从城市生活取材的作家相对说来便少得多，不过倒产生了张爱玲这样一位早熟的天才，写出若干了不起的短篇。
>
> 如果要举出这段时期三位最杰出的短篇小说家，我想应该是鲁迅、沈从文和张爱玲。
>
> 一九四三年张爱玲正式发表第一篇作品时才二十二岁，到一九四五年初前后不到两年却发表了十五篇，而且几乎每篇都是圆熟之作，确是一个独特的现象。其后她基本上停止了短篇创作（离开中国以后近四十年只发表过四篇），和鲁迅一样令人惋惜。她的早慧使人想起乔伊斯，《传奇》与《都柏林人》的艺术成就也可以说各有千秋。在心理的透视、细节的观察和意象及语言的运用方面她往往能超过鲁迅和沈从文。
>
> ……
>
> 一本选集的篇幅总是有限的(本书收三十多万字)。许地山、凌叔华和张爱玲三人的全集台港和海外到处可以买到，所以没有收他（她）们三人，这样得以利用空间多选其他作家的作品。

张爱玲致庄信正

一九八九年十二月十一日

REYHER

1626 N. WILCOX AV., #645

HOLLYWOOD, CA 90028

信正，

这些时一直心里嘀咕着还没写信来，非常内疚。说来使人无法相信，是真是忙，我日常的啰嗦事本就多，医生派下的 chores 又永远有增无减，投入的时间越来越长。眼睛生 cataracts，虽不严重，又多一门功课。改低胆固醇 diet，要自己试验着做菜，现成的 health foods 难吃，我也不想食不下咽，再更减轻体重。此地新房子蜜月期已过。蟑螂蚂蚁小花甲虫全有了。房东发通告警告脏乱与违规养猫狗——可能就快有 fleas 了。我远道去买较好的杀虫器材。房东也叫了杀虫人来，要出清橱柜，等于三个月小搬家一次，房客（中南美与黑人居多）怕麻烦，大都不要。“自扫门前雪”也事倍功半。但是我绝对不搬家，实在没这时间精力。希望志清不会一时面软，把我的地址告诉人。伤臂最坏的时候我勉强写了封信来讲 Times Book Review 的事，因为实在不能让荣华费事打的包被我烧毁，太过意不去。当时也担心你会另订一份给我，预先阻止倒又像是提醒你，迟疑着终于没说。真订了，又赶紧来信请不要续订，以为像订报一样论月的。打电话去问 N. Y. Times 赠阅多久，答说一年，又刚续订一年。我十分懊丧。虽然也偶有时候看到一篇书评，庆幸没错过这篇，非常感念，但是毕竟难得。也已经有好几期没看了。期满请千万不要再续，不是客气话。也有时候顺路去图书馆，本来只敢借新书，怕带虫卵回来，现在既然已有，就也放宽尺寸了。你的选集序实在难写。但是写得非常妥帖。我想写篇散文关于灵异，提起陈先生陈太太告诉我过济安病发当时的telepathy。济安是中风？是谁发现了送医院？是否入院几天后逝世，一直昏迷未醒？我没特为写信去问志清，我写信奇慢，一封信要写好几天，所以在这里顺便问你一声。等有空请写张字条告诉我，不忙。这封信想赶在年底邮挤前寄来，不知道可来得及。祝明年运气好，荣华与修笠姐弟都好。羡慕你有散步跳绳的余裕，你显然注重fitness。

爱玲

十二月十一

注解：

她在上信和此信里都谈到手臂受伤的事；在这两封信之间林式同于十一月五日来电话，告诉我她是在住处附近街上被一墨西哥人无意间碰到，当场倒地。没有去医院，回家后两臂肿胀如球，但仍未去看医生。公寓经理把情况通知他；他打电话给她，没有人接，便寄她一张问候卡片，顺便问她有没有保险。七月二十三日她回信说："我觉得我这样按月收入的人，医疗费还是现附合算，但是现在此地医院往往不收没保险的病人，所以预备保个短期住院Blue Shield。"始终未去看手臂的不轻的伤势原因显然是因为没有保险，不能不说反映了全球首富的美国的奇特的病态。而在她辞世十五年的今天，继小布什八年乱政，奥巴马上台后软弱无能；富者更富，穷者更穷，遂使右派势力更加猖獗，竟至悍然反对全民健康保险；而钱财集中在少数富豪手里，连中产阶级下层——张爱玲当年勉强可算这个阶层——都往往无力购买健保；在发达国家当中堪称一枝独“莠”。当前这种病态已经变成常态了。

chores：杂活；令人厌烦的工作。

cataract：白内障。

health foods：健康食品。

telepathy：心灵感应，或她所说的“灵异”。关于这点和她所问的夏济安先生猝逝的情况，见我下一封信及说明。（另外参看《宋家客厅》页227—229。这种现象古籍中已有记载。《周书》卷十二齐炀王宪列传说他“或东西从役，每心惊，其母必有疾；乃驰使参问，果如所虑”。）

fitness：健康。

庄信正致张爱玲

一九八九年十二月二十一日（邮戳）

爱玲先生：

谢谢来信。白内障我父亲前些年患过，现有一新法开后不必带眼镜，而且视力全恢复正常。您可能是所谓 baby c.，更不要紧。我这些年很重视健康，因我不喜运动，所以只有多散步、爬楼梯，最近并开始和小昱（他已长得比妈妈高多了）打乒乓球。另外我吃东西很小心。少吃肉，多吃青菜水果，而且竟能不讲口味了。降胆固醇十分重要。好像每天可吃一二香蕉。林式同日前来电话谈到您被墨西哥人无意碰倒的事。那房子如今后发觉太不理想，也不必住下去。也许式同另有别的房子可住进去。最重要的是安全。我曾问过式同，他说无问题。关于济安先生去世经过，据当时在场的萧俊告诉我：那是星期天，二人去办公室（他们隔壁），忽听一声知是他椅子倒地，叫他不应，而且他把门关上，萧进不去，好不容易找来工人把门打开。自此他即未复知觉。寄上陈先生关于他做梦的叙述。陈太太说她也做了一梦。寄上水晶一文。另寄上周汝昌文片段供您参考，因他这本书托我一友人在台北出版，所以才见到。此人我见过一次，对他很不喜欢。吴世昌曾写长文，戟指大骂周在文革时的无耻风派作风。您不必理他。我下月初返台参加一讨论会。

[年卡]

Thinking of you at this Holiday Season

And wishing you every happiness

信正 荣华 修笠 修昱

1989

说明：

年卡所附的信。

关于夏济安先生猝逝的经过，可以再补充一下：萧俊是上海人，光华大学毕业，来美国念法律，在哈佛大学作过研究。他在加大中国研究中心服务多年，与济安师既是校友，也算得上同乡，又都是单身（其时萧的妻小还在台湾），并且办公室正好相邻，因此几年当中无日不见，无话不谈。有一做过模特儿的白人女子去加大进修（张爱玲同她会晤过，见《红楼梦魇》最后一篇《五详红楼梦》），曾求济安师为她润饰papers，他很高兴地告诉萧俊：看！我们光华毕业的改美国人的英文！（光华并非一流学校。）渐渐地他爱上了她，终于写一长信表白心意；她却回说是他误会了，她只想交朋友而已。这意外的打击使济安师寝食难安，接连三天未能睡眠。一九六五年二月二十三日是星期天，但夏、萧按照习惯仍去办公室；二人隔着薄薄的木制墙壁一边工作一边聊天（二室可用作一个办公单位，原有一门可通，很容易传音）。忽然萧俊听到隔壁轰然一声巨响，急呼"济安！济安！"没有回应，跑去开门，却是反锁着。赶紧找来看房子的人打开门，见济安师和座椅都倒在地上，显然是脑溢血病发时猛然仰身所致。送到医院后昏迷四十多小时终于不治。（据另一同事纪文勋先生说，夏先生常常打了一夜麻将而次晨在上班时间之前径去办公室开始一天的工作。）我初到中心，用的仍是同一房间和桌椅，萧俊兄不止一次提醒我在房间里不要锁门。萧后来转去南伊利诺大学（Southern Illinois University）执教，已去世。

与此信、卡同时附寄三份影印件（也由张先生保存下来）：(1) 陈世骧先生《夏济安先生哀诔》一文的序言，里面谈到济安师发病时他做过“灵异”的梦；(2) 十一月十七日台湾《中华日报》副刊所载水晶文《借物言志——我读张爱玲〈草炉饼〉》；(3) 周汝昌《红楼梦与中华文化》（东大图书公司，一九八九年）页二七八至页二七九涉及张爱玲的三段，说他《红楼梦新证》中著录的“十来条资料被张爱玲悉数引进她的大著《梦魇》里，轻薄地给加上了‘一堆大杂烩’的名词，然而她在这‘大杂烩的基础上’却也写出了一个专章，长达七十页的洋洋大文！”并轻薄地称她为“张作家”，整个片段充斥了怨怼和乖戾。

一九八七年周汝昌来美国，途经纽约时我在台湾《中国时报》四月六日一个饭局上见过。他在“红学”方面的贡献不容置疑，但后来往往率尔操觚，写的太多，予人以浮滥之感。文化大革命期间他出的崭新的《新证》是“十年浩劫”期间屈指可数的“学术性”著作之一（另外可能只有郭沫若的《李白与杜甫》和章士钊的《柳文指要》），其风派嘴脸使很多学者不齿。除吴世昌以外，王利器也曾撰长文痛批该书中竟屡屡出现纯学术性谬误，读来更觉辛辣，见其《耐雪堂集》。《红楼梦与中华文化》一九八五年初版，过了二十年，即张爱玲死后十年，周又写了一本《定是红楼梦里人——张爱玲与红楼梦》，笔调仍是阴阳怪气，不够严肃。一方面反驳张对他的批贬，一方面当她批贬别人时则又欣然同意。例如引我的悼文《旧事凄凉不可听——张爱玲与红楼梦》中节录她一九八〇年九月二十七日来信的一个片段，谈那年美国威斯康辛大学举办红学研讨会，在周的笔下张这句话变成："××× 这次也出席，看来他的学说非常靠不住，《论庚辰本》我看不进去也罢，但是放在这里到底放心些。"他在引号内把原文中"冯其庸"三字擅自改为"×××"，已经违反了基本的学术规则，而又妄加评语说"这就可见她的精识真知，非庸流可以相提并论"，"庸"字当然是隐刺冯先生——另一位对周很不恭维的红学家；乍读时我想到周此前对张爱玲的冷嘲热讽，顿起"借刀杀人"之感。

张先生在我这封信的封套背面拟了一段文字，看来是小说大纲；笔迹很草。现在也影印作为插图，并试着按行(以斜线标明)辨识如下：

> 如傅聪。学艺不成，寄托。钢琴，test... jazz-pop，/ symphony，揣摩心理。∵（庄按：这三小点近似英文中的 asterism，同样像是在提醒自己注意，但也有可能表示间隔或段落；她给宋淇、邝文美的信里也用过）[二〇一八年按：《张爱玲私语录》页 108—109 及页 122 所载她的语录三个片段中用了六次。但因为不是影印，而且原文同所附译文间的符号三点排列位置不同（没有一次像这里这样两点在上面并摆，一点在下面），因此无法判断。数学家、翻译家周克希教授看到赠书后曾来电子信，推测张爱玲当年想必学过平面几何，对所用教材的符号很熟悉，因此他认为呈倒三角状的三点意指"因为"，呈正三角状的三点意指"所以"。] fairy godmother，行踪飘忽冀得欢 / 心 / 白日噩梦 start after giving up 琴。"是她自己不要学了嘛。""是她自己愿意的。"逼 choices，而无信心，压力（此点也永克希光指正），/ 遁入平

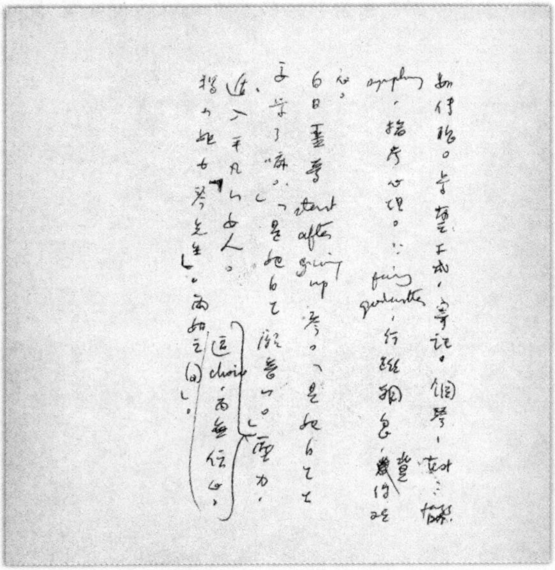

张爱玲在庄信正一九八九年十二月二十一日去信封套背后所拟的小说大纲。

凡的女人。/ 杨小姐 &“琴先生”。“两姑之间”。

查目前已经出版的她晚期的作品，没有与这段手迹完全吻合的措词。《谈音乐》写她八九岁时母亲和姑姑从欧洲回上海，姑姑每天练钢琴，母亲有时候站在背后跟着吊嗓子；“两姑之间”或许指她们。另外记她念中学时俄国女钢琴老师很严格，打她手臂，使她对学钢琴“完全失去了兴趣”。而她父亲和继母老嫌学费太贵，终于她停止学习。该文两次用了“琴先生”三字。《雷峰塔》第十、十一、十九和二十章都写到女主角沈琵琶学钢琴；第二十章开头她父亲和继母抱怨“就拿学钢琴来说吧……说不学就不学了”。她姑姑模仿他们的口吻说他们付了这么多钱，“到头来你倒自己不想学了”。《小团圆》第三章女主角盛九莉“住读必须学琴才准练琴，学了又与原有的教师冲突……”她母亲蕊秋知道前夫（九莉的父亲）和续弦怪她让女儿“学了那么些年的琴不学了”；随即她姑姑模仿她继母的口吻说“她自己不要嚜！”当然，这里既是草拟的大纲，最后到定稿时可能面目全非，难以辨认了。

庄信正致张爱玲

一九九〇年三月一日（邮戳）

说明：

寄三份剪报，没有写信。（寄书刊或剪报而不写信，往往是为了减少她回信的压力。）剪报经张先生保存下来，包括张系国《夜读张爱玲》文，蒋翔华《荒凉与错爱》文及我《〈未央歌〉的童话世界》文。张系国的文章是他在美国《世界日报》副刊所开专栏“洞烛集”中的一篇，载于一九八九年十二月二十二日；主要谈张爱玲关于风的描写，其中有一半是引她的话；次年一月二十九日该刊登了蒋的回应，副标题是《与张系国先生谈〈夜读张爱玲〉》。就该文对张爱玲作品的理解提出犀利的批驳，认为利用她的话转而发表一些题外的议论，根本“曲解张爱玲的哲学，当不是一个严谨的作者所应持有的态度”。我寄这两篇剪报，除了显示人们仍在热烈讨论她的著作以外，也想让她知道张系国对她还是很尊重的。

庄信正致张爱玲

一九九〇年六月十一日

爱玲先生：

前些日子曾寄上一点影印的东西；想已到。您近况想好。我们过的是极规律的日子，没有什么可报告的。学期就要结束，修昱今年也考上 Johns Hopkins 办的那个 Center for Talented Youth 夏令营。儿女的成长,不时令人想起“岁月催人老”,往往一则以喜,一则以忧。近来又重看《红楼梦》，正如您所说，此书每隔几年再读时便有新的心得,这是天才之作的特色吧。您之作品耐看,原因亦复如此。我把《红楼梦魇》也拿出参考；也向 HK 订买了庚辰等影印本，不知还有否。

寄上影印品一份。请不必特别回信。碰到相关的文章我会随时寄您过目。

匆祝

暑安

荣华嘱问候

信正

6. 11

说明：

此信张先生连同附件保存下来，但无信封。开头所说影印资料见我此前二信。与此信同时寄的是台湾《当代》月刊四月号焦雄屏文《〈太太万岁〉标示的另一种电影传统》，对张爱玲所编脚本的手法备致赞扬，并指出其“深层意识确是对中国男性社会极严厉的批评”；虽是喜剧，“却处处流露出张氏作品中一贯的苍凉特色。剧中女主角陈思珍的处境，几乎是张爱玲与胡兰成关系的写照”。

这年从三月起到九月我又重看《红楼梦》及有关资料，包括《红楼梦魇》。集中阅读的副产品是七月写了一篇杂文《名正言顺》（收入《流光抛影》），指出曹雪芹、张爱玲和张恨水三人的人物命名往往有其巧妙的寓意。

《论写作》谈她读《红楼梦》的经验：“八岁的时候第一次读到，只看见一点热闹，以后每隔三四年读一次，逐渐得到人物故事的轮廓，风格，笔触，每次的印象各各不同。现在再看，只看见人与人之间感应的烦恼。”

庚辰本《石头记》香港没有，直到一九九一年底才托叶步荣兄在台北买到。

发此信后四天又给她写一长信，未保留；内容显然是向她报告关于《红楼梦》的心得。

庄信正致张爱玲

一九九〇年十二月十五日

爱玲先生：

上次寄上之两信想已收到。十二月开始中国时报人间版由季季换为杨泽（Princeton 的 Ph. D.，诗人），从高信疆以后这位子令人有席不暇暖之感，平均二三年换一次人。

今年上半年我大发的那次“红”热，使我等于恶补了一场，把多年来这方面的资料大体了解了。觉得大陆上在版本方面确实有成就，但一涉及内容的分析便味同嚼蜡。

《红楼梦魇》有一友人谈起时说该有人为之作注，因内容丰富而浓缩。我劝她作，因她对红学远比我有研究，而且多年来始终“跟踪”。如果您愿意首肯并指教她，我可以再鼓励一番，这是个有意义的工作；只是她在做事，人也较萧洒，未必很快完成工作。您在书中把靖藏本假定为真本，但据我看过一些资料，仿佛只有发表其中脂批片段的毛国瑶声称亲自见过，而书很快就被靖家宣布散失。您推测是怕被公家没收，不无道理。但如果我们只根据这一个人的话而就定为真本，恐怕很难信实。譬如那家人为什么有此奇货而不赶紧影印或照相留副本以避免发生散失情况呢？有人说这很可能又是周汝昌闹的伪品，他曾冒充曹雪芹诗作而被吴世昌批过。而且消息是由他发端传出的。持这说法的人认为只要把小说和脂批看熟，不难伪造出毛国瑶发表的那些脂批。此事我是外行，在这里提出请教。

下年我会出一文集，论您的著作的那篇也拟收入，届时当奉赠一册乞正。那篇本来想修改或重写，但谈您真不容易，所以宁可以后另写一篇，这篇算是保留个读书记录吧。

前些日子曾与林式同通电话，他说打过电话给您但无人接，我告诉他以后不必打了。(我以前在Berkeley时怕应酬，也会不接电话。)

夏先生很久不见了（至少一年了），但常通电话；下周四终于约好一同吃中饭。他下年退休，心情或许有点异样（我60岁退休，只有四年多，心里也“有感”了），哥大系里好像计划为他举办一个symposium。

即请

年安

信正

12.15

[年卡]

爱玲先生：

Peace joy and friendship/ Paix, joie et amitié/ Paz, alegría y Amistad /Мир, радость и дружба/ 和平　快乐　友谊

信正　荣华　修笠（15岁）修昱（13岁）

1990

说明：

年卡所附的信。

杨泽接编“人间”版则持续至今，超过二十年了。

认为《红楼梦魇》应该有人作注的是赵乐德。她和丈夫傅运筹都熟读张爱玲和《红楼梦》，有意为《红楼梦魇》作注。但二人都很忙，未能成稿。说来可惜，因为该书行文属“跳跃”式，乍看未必能一目了然；他们的解释对于读者一定很有帮助。

“靖藏本”是所谓“扬州靖应鹍家藏本”《石头记》的简称。一九六〇年代有几个红学家（包括周汝昌）突然收到毛国瑶所“辑”其中“脂批”一百五十条，作为新发现，哄传一时。但书的真迹——甚至片纸只字——始终没有露面，而刚过四年就被宣布失踪，至今四十多年仍无下落。这样，既无法证实其有，也无法凿定其无；只好让视为真品的学者——包括张爱玲在内——去引用了。

周汝昌曾续完一首所谓曹雪芹“佚诗”，吴世昌最初起而肯定，不料周后来自承是他伪造的。

我那本文集指《海天集》（一九九一年），其中第一篇即《重读张爱玲》，离脱稿已九年。

此信封套内夹有她所抄我一九八八年八月三日给她的信的近乎全文。

关于年卡：通常我用的都是联合国儿童基金会为筹措资金而印制的；上面的贺词会用联合国四种正式语文（official languages），包括中文。见第 244 页插图。

庄信正致张爱玲

一九九一年一月二日

爱玲先生：

刚才友人以此文相示，即影印奉寄。我还没有看，过两天也会收到寄报，那时会读。上次寄年卡曾附一信。请不必特别回复。

匆祝

年安

信正

1.2

说明：

她保存了我寄的这篇文章（我的短简写在其下面的空白处）；是上年十二月二十二日《中国时报》“开卷”版所载孟悦、戴锦华《浮出历史地表》一书（原为河南人民出版社版，台湾妇女新知杂志社印繁体字本）中谈张爱玲的专章《张爱玲死亡国度里的怨女》。开卷版编辑加了按语，强调“这是一本精辟的女性主义文学批评……本书探讨从五四到一九四〇年代中国现代女作家……笔下的女性。其中论及张爱玲的一章尤其精彩绝伦，……见解更是独到，喜爱张爱玲的读者千万不可错过”。

张爱玲致庄信正

一九九一年二月十四日

REYHER

1626 N. WILCOX AV., #645

HOLLYWOOD, CA 90028

信正，

信与剪报都收到，一直惦记着没工夫回信。逐日吞占时间的例行公事外又有杀虫工作。最近找管理员拆掉浴室抽风机，泥水堵没屋顶灯旁别的缝隙，不然洗一个澡要捞三四次掉进浴缸的蟑螂。新屋两年后生虫：迁入林先生别的新屋，除非簇新，一年半载又要搬家不值得，我实在搬怕了。在忙着出全集的事，出了寄两本有新文字的来。你的友人有意注《红楼梦魇》，我当然高兴，可惜帮不上忙。目前不绝对岑寂闲散更一事无成。给你跟荣华拜年，祝二修福慧双修。

爱玲

注解：

此信写在年卡上，那天正是农历年除夕，她可能碰巧知道（她却是什么节都不过）。同她上信相隔已一年两个月；其间我至少给她寄过五次信和一次剪报。一九九〇年六月六日她给邝文美的信里说对于宋淇论《红楼梦》《情榜》一文“非常想先‘听’为快”，宋立即寄给她，但十二月二十三日她给邝的信里说“这些时一直忙得定不下心来看《情榜》”，中间隔了已半年了。看来一九九〇年她的生活中有三件重要的事：(1) 忙着创作小说（上面她在我一九八九年十二月二十一日给她的年卡封套背面所拟的大纲可视为一个迹象）；(2) 赶着完成《海上花》的英译稿；(3) 在马路上被人撞倒，右臂重伤，这年六月六日致邝、宋："……体操，我早已不做了，实在没工夫，右臂只好随它去。"

二月十九日接到此信，其前几天恩师福尔斯特教授病危，随即以胃癌辞世，心情很坏，直到三月二十三日才给她回信（未保存）。

福慧双修：佛经所说福德和智慧皆能达到至善的境地（见《涅盘经》卷二七）。单修智慧曰菩，单修福业曰萨；福慧双修为菩萨。唐慧立《大慈恩寺三藏法师传》："菩萨行为，福慧双修。"参看她一九八四年四月二十日来信及注（177 页）。起初我不知道这四个字有具体的出典，后来偶然发现了，很感动。（张恨水名著《春明外史》第八十六回用过此语。）

张爱玲致庄信正

一九九一年八月三日

REYHER

1626 N. WILCOX AV., #645

HOLLYWOOD, CA 90028

信正，

我寓所蟑螂激增，比以前好莱坞老房子更多十百倍。整天只够忙着做无偿杀虫人，只好还是搬家。要找个没虫的一间房的小公寓实在难。贵点的地方又注重调查 credit，没林先生作保绝对租不到，我真感激。当然他是看在你份上。上次志清跟你打听我的住址，你没办法只好告诉他，这次我不想再让你为难，目前连你也不告诉，万一有急事再请林先生给你地址。来信就请还是寄到信箱：1626 N. Wilcox Av., #645, Hollywood, CA 90028，每次搬家总要丢掉点最怕丢的东西——这次是正在写的一大卷稿子，因为怕压皱，与一包原封未拆的新被单放在一起。小搬场公司的人偷被单一并拿了去，连同地址簿等等。幸而有你的一封信，信封上有寄信人住址。家具冰箱电视全扔了没敢带去。新址的房东说他们没蟑螂也仍按月喷射、薰，因为只要有一个房客的电视 air vents 内有虫卵，就带了来了。纽约时报书评来信说六月停送，但是一直没停，想必你又续订。（！！）我想通知他们改寄到 Wilcox，手边没 acc't no.，最后一期我临走在信箱里拿到，随身带来，一时找不到。好在旧址的信箱钥匙我还留着，月半再交还，最后一次去寄信时应当又有书评在内，就有 acc’t no. 了。匆匆写这封信，明天乘便投入邮局前邮筒，早点寄到。你跟荣华二修都好？

爱玲

八月三日

注解：

此前于四月二十七日接林式同来电，主要内容：(1) 张先生给他信说现在住的公寓有狗猫扰人，加以虫患未除，托他另外代找房子；但比较考究者房东怕房客付不起租金，需要出具证明，而她各种身份证（包括永久居留证，即 Green Card，绿卡）被偷，又没有驾驶执照、信用卡或任何保健（包括 Medicare，老年医疗保险），得由他担保；(2) 接信当天式同给她电话，告诉她没有问题，以后申请证件都可用他的地址，由他担保，但除了 Medicare 以外如报税等她似乎不很愿意用他的地址；(3) 他正在帮她重新申请绿卡；(4) 他和喜美子已经决定照顾张先生晚年的日常生活杂事；(5) 电话上她精神饱满，讲话清楚明白，但式同感觉她身体未必很好；(6) 她说全集出版以后会送喜美子一套。暑期式同替她在洛杉矶加州大学校区附近租到一所公寓，离他家不远；七月搬了进去，从此住了四年，直到去世。她最后这次迁居的经过式同在《有缘得识张爱玲》一文有颇详细的记述。

正在写的一大卷稿子，因为怕压皱，与一包原封未拆的新被单放在一起：这样郑重其事，无疑是指《对照记》的手稿和照片（该书于一九九三年六月一日完成）。对她而言，祖传的家珍古董可以卖掉补助生活费用，但手稿却是无价之宝。参看我下一封信及说明。

air vents：通气孔。

acc't no.：缩写，即 account number（账户号码）；acc't. 应作 acct.。

庄信正致张爱玲

一九九一年八月十三日

爱玲先生：

收到 8 月 3 日的信，知您已搬家。大前天我与林式同通电话，知道您近况很好，他前些日子见过您。以后您有事如需要代劳，不妨找他，他很热诚。我打电话给他是想问他有无任何可能把您丢失（被窃）的 MS 找回，但二人谈的结果，发觉 1）时已隔了三周多，窃者早已丢弃，2）搬运公司的名字不知道。只好作罢。前些年我曾听说您有次搬家把《海上花》的英译文丢失，当时大吃一惊，这次是否是创作？那就更可遗憾了。前两天我影印了《文汇报》转引中国时报关于您新著的消息，正要寄上就接到来信。丢失的该不是里面所说的自传性小说吧？那就损失太大了。以后搬家，重要文稿——无价之宝——最好随身携带（或与旧的东西放在一起，但仍有可能遗失）。搬时也可找式同帮忙照看。今天我打电话给 NY Times Book Review，发现地址已改成 N. Wilcox，想是您已改了。他们有 800 电话，也不要 Account No.，电脑上一查就立即可见（但要邮局的 Zip code）。每次期满，都由荣华续订，省钱不重要，主要为您省些麻烦。

我和荣华 6 月 23 日去马德里，住到 7 月 6 日，那天飞罗马，一下机就不顺利，又不能决定是否当晚去威尼斯。结果被人盯上，在 Metro 上车时他们 created a situation，然后趁我帮荣华把手提包由 closing doors 拉脱时摸去我的钱包，内有美金 100 元，信用卡及驾驶执照、联合国身份证和二修小时照片等。幸好同一口袋另有 450

美元因不在 wallet 内而未窃去，另一口袋的护照、机票、旅行支票也未动。但荣华已完全失去游玩兴趣，次日即返 NY（原拟住五天）。

请注意营养，新居附近如安全，也不妨散散步。祝

安好

荣华嘱问候

信正

8.13

（又及）我正在看大陆出的《红楼梦》电视剧。很想写篇谈天香楼的文章。您说该是用暗写，我很同意，雪芹必然不会直叙。

荣华在为您订购 address labels，您可省却每次自己写。

说明：

此信我曾留底，张先生则把信和剪报都保存。剪报指上海《文汇报》这年七月二日“文摘版·文坛漫步”栏根据台湾《中国时报》所作的报道，说“一本附有作者生平照片、自传意味甚浓的张爱玲新作”将于次年问世；这里显然指《对照记》，一九九三年出版。但该书当然不是“自传性小说”。她在下信重提此事时说“凭记忆写出来”，也可证明不是创作。

我八月八日收到张先生上一封信，即于十日与林式同通电话；内容除此信所说的两点以外还有：(1) 不久前他作为担保者陪她去签新公寓的房约，第一次听她讲英文，字正腔圆，他大为佩服；(2) 声音恍若少妇，精神也很好；(3) 但嶙峋佝偻，身体虚弱，上楼梯时显得很吃力。《有缘得识张爱玲》则说“数年不见，她已苍老了许多。不过行动还很便捷”。

关于《海上花》英译稿：一九八六年十二月二十九日她给邝文美、宋淇的信里说“检点东西的时候，发现《海上花》译稿只剩初稿，许多重复，四十回后全无。定稿全部丢失，除了回目与英文短序。一下子震得我魂飞魄散，脚都软了”。

在我读过的所有中外小说里，《红楼梦》——主要指前八十回——是最能洞察彻悟人生和人性的一部，是最自然圆融的天才之作。那些日子我又发了周期性的“猩红热”，特别对天香楼一节（第十三回）被删及现存的片段感到着迷，好奇，作了不少卡片；正好借到北京中央电视台的连续剧，兴味更浓，所以在此信结尾向我心目中这位首要的红学专家请教。《二详红楼梦》章认为畸笏叟删这一节是脂砚斋死后的事，“否则有他支持，（雪芹）也许不会删”，（甲戌本第十三回回末总批：“此回只十页，因删去天香楼一节，少却四五页也。”）据张推论，“此回内容与回目相差很远，没有正面写‘淫丧’——幽会被撞破，因而自缢——只是闪闪烁烁的暗示，并没有淫秽的笔墨”。（“回目”指“秦可卿淫丧天香楼”，也出自该回回末总批。）又说“显然畸笏与雪芹心目中的删天香楼距离很大。在第十三回，雪芹笔下不过是全部暗写，棠村所谓‘不写之写’；畸笏却处处代秦氏洗刷”。《红楼梦魇》花了很长篇幅探讨这个重大的悬案。

张爱玲致庄信正

一九九一年十月十二日

REYHER
P. O. BOX 36467
LOS ANGELES, CA 90036-0467

信正，

信收到，多谢关切。搬家后忙着添置东西，因为全扔了，灯都没有，非常不便，所以一个多星期后才发现稿子遗失，再查也一定早给扔了。反正本来要改，凭记忆写出来，不过多费点事。最近从租信箱处取回的报上发现一只蚂蚁，一有了又麻烦无穷，只好马上换地方。新信箱是：

P. O. BOX 36467

LOS ANGELES, CA 90036-0467

我另外写信告诉志清。(在联合报上看到他退休后的地址。)N. Y. Times 也已经打过电话去报迁移。请不要再给印地址条，又多一样东西要找，要贴。我写字快，反而省力些。

匆匆祝

近好，荣华跟俩孩子都好、

爱玲
十月十二

注解：

“发现一只蚂蚁”就搬家，简直草木皆兵了。这新租的信箱一直用到她去世。

夏志清先生上学期结束时退休，在《联合报》副刊发表退休感言，结尾附有他新居的地址。

她宁愿不用印好的地址条倒可以理解。她对日常生活很像美国伟大作家梭罗的态度：“Simplify，simplify”。

庄信正致张爱玲

一九九一年十一月二十日

爱玲先生：

我从9月开始念俄文。真是可拿"最佳勇气奖",这么大岁数了。但是我虽无语言天才，却很喜欢学。前些年重学的法文至今还没全忘光。俄文比法文还难，等于自讨苦吃。

您丢了手稿还能凭记忆重写出来，真可喜，我记忆力本来就差，年纪大了,更糟。所以学俄文也特别苦。要9个学期(三年)才能毕业，届时已近退休之年，想想很不是滋味。

全集何时出齐？如果碰上暑假没有语文课，我希望能写篇书评。

夏先生日前去台北参加琦君作品讨论会，想是本月初已回来。我们虽住得不远，却很难得见面（上次5月4日他退休学术会以后至今未再晤过）。偶而通电话。在美国生活，容易 get into a rut 而不能自拔，一天到晚不知道忙些什么，而总觉得没有闲暇。

我妹妹的女儿这学期进了UCLA，已经是大孩子了，人极实在，可靠。我想着，以后如您需要有人跑跑腿，可以找她。请不要客气。

敬祝

安好

信正

11.20

荣华嘱问候。修昱长得比我还高了(14岁)。修笠则是短小精悍型(16岁)

说明：

此信封套已失。

张爱玲全集在她生前出了十六种，最后一本是《对照记》，她死后陆续增加，到二〇一〇年《雷峰塔》和《易经》问世，已有二十多种。

夏志清先生在琦君作品讨论会上曾提出论文，返纽约后给我寄过。

庄信正致张爱玲

一九九一年十二月十六日

前奉上一信，想已到。

附寄纽约时报关于《怨女》电影的评论。作者是 John Cheever 的大儿媳。她显然未读过原著。

Address labels 订购既便宜又简单，荣华非常熟悉。除非您真是愿意自己写，我们可随时代您订些，务请不要客气。

[年卡]

爱玲先生：

PEACE PAIX PAZ Мир 和平

信正 荣华 修笠 修昱 敬贺

1991

说明：

寄年卡时所附短简。

但汉章自编自导的《怨女》（英文片名采用 *The Rouge of the North*）一九八九年在纽约现代艺术博物馆（The Museum of Modern art，简称 MOMA）参加影展，《纽约时报》刊出 Richard Bernstein 颇为辛辣的影评，我曾把剪报寄给她。（见一九八九年五月二十日张爱玲来信注解，254 页。）两年后——即一九九一年——在纽约公映，十二月六日《纽约时报》登了美国著名小说家 John Cheever 的儿媳

Janet Maslin 的影评，比 Bernstein 的短，但相当客气，认为导演很能胜任（"ably directed"）。她没有提到 *The Rouge of the North* 原著，显然也未看过。张先生把这篇影评同我的信一起保存了。影评题为"How an Orphan Finds Love And Turns Grim With Age"。以夏文汐的剧照作为插图。Maslin 后来改为该报专写书评至今。（一九九〇年十一月二十日我在联合国图书馆礼堂看过这部片子，当天日记说"颇糟"。）

庄信正致张爱玲

一九九二年一月六日

爱玲先生：

上次寄上杨义书中论您的专章想已到。日前收到《红楼梦学刊》一九九一年第三期，其中有长文论《传奇》与《红楼梦》也影印寄上。文章我还未看，但似甚肤浅。不过倒证明近些年来大陆上对您日渐 rediscover，而且知道重视。尽管文禁反而有越发凶恶的趋向。另外寄上水晶一文。他对您推崇备至，但发为文字则偶而不免于鲁莽，殊可惜。此文我原不想寄您，因猜想您是中国时报赠阅户；但姚宜瑛来年卡时顺便寄了一份，说她本拟寄您，怕惹您不快，终于决定寄我一阅。现在趁寄《红》刊文，也顺便寄上。姚对您极关怀，每年来卡总提到您。

即请

年安

信正

1.6

说明：

上年十二月二十三日把杨义所著《中国现代小说史》第三卷第六章专论她的一节影印寄她（似未附信）。该文长达二十页，仍不免有意识形态上的偏见。副标题“洋场社会的仕女画家”就很不妥；责她写《秧歌》时“迷失了纯艺术的自我”，这样，不消说倒是《十八春》

结尾“预言的‘光明前途’”反而坚持了“纯艺术的自我”了。但总的说来，这篇文章却是大陆关于她的首次比较详尽而慎重的论述。

这次给她寄的《红楼梦学刊》登了赵为民、余韶人合作的《梦里多少半生缘——〈传奇〉与〈红楼梦〉比较谈》二十一页长文。其开头一段为张爱玲在文学史上定位，倒显示了大陆论者难得的客观态度。指出长期把张爱玲当作言情小说家或鸳鸯蝴蝶派是不公平的；她其实是一位“才华横溢、感觉奇佳、在艺术创新上孜孜以求，为中国的新文学做出了很大贡献的女作家”。

水晶的文章是《关于那鹦哥》，原刊于一九九一年十二月十四日《中国时报》“人间”版；后来收入其文集《说凉》。鹦哥指《留情》里所提到者。这位熟读张爱玲的专家笔下往往显得草率。他把故事男女主角结婚的年龄误为“现年”；结尾时对张正在编写的《对照记》(他称之为“写真集”) 预先提出冒失的异议。(张爱玲一九九二年二月二十五日致邝文美、宋淇的信“又及”说：“庄信正寄剪报来。我觉得有照片的一本新书需要添点有份量的东西。就是怕人说‘出写真集’，水晶倒已经说了。”) 他一九六九年的文集《抛砖记》有四篇专论张爱玲；一九七三年的《张爱玲的小说艺术》是第一本谈她的专著，夏志清序。

她把这次寄的两份剪报也都保存了。

庄信正致张爱玲

一九九二年五月二十八日

爱玲先生：

林式同前些日子曾来过电话，知您近况安好，很高兴。

有一次信里我提到向香港订购《李鸿章传》，此书已到，原想寄您，但看了一下，觉得材料反不如我早些年寄上的那本（台湾版）详尽，而且未脱中共史学偏见，所以只把其中您会有兴趣的若干页影印寄上。

前两期《联合文学》曾印出您一篇旧作，一看就记起唐文标那书已收入，想是编者不查，以为是新“出土”的。

我暑期拟去大陆一游，已经43年多了，恍同隔世之感该是难免的，您有没有事、物我可代办代买的？祝

近安

信正

5.28

说明：

四月二十六日接式同来电，提到日前收到张先生寄来的遗嘱，指定他为执行人。他很纳罕，怕她得了什么不治之症，立即打电话给她；她说只是以防万一，身体没有毛病。(《有缘得识张爱玲》则说他“没有答复她”，而她也就做算是“默认”；猜想是式同记错，因为我根据的是当天的日记。）张先生指定式同为遗嘱执行人，我当

然十分高兴，也替式同感到欣慰；能让她这样信任，是非常难得的事。

此信所说台湾版《李鸿章传》（一九八五年）作者是李守孔，一九八〇年代末期我曾给张先生寄过；但显然没有附信，日记里也查不到记录。这次影印寄她的《李鸿章传》则是苑书义所著（人民出版社，一九九一年）；她把信和影印件都保存下来。

《联合文学》小说新人奖邀我担任评审，因此计划八月返台，并顺便回青岛老家探亲。

张爱玲致庄信正

一九九二年七月六日

REYHER

P. O. BOX 36467

LOS ANGELES, CA 90036-0467

信正，

LA 暴乱与地震我倒没受影响，但是这一向不相干的事故层出不穷，烦不胜烦，收到信苦于无法回信，最后还是简短些写一封来，恐怕你已经去大陆。林式同也许已经去了回来了。我没什么东西想买。(地址条子也是真不适用。)李鸿章这一部份史料对于我非常可贵。高阳考证戊戌政变是他策动，似也有几分可信。匆匆祝一路顺风来回，荣华二修可同去？

爱玲

七月六日

注解：

这年春天晚上洛杉矶有一黑人男子 Rodney King 被几个白人警察在大街上痛殴重伤，讵料以白人为主的陪审团竟判定全都无罪。群情哗然，引发市区南部的黑人接连六天暴动，与警方冲突，有五六十人丧生；全美国黑人起而抗议。为了怕纽约这边发生连锁性事件，我工作的联合国也同其他公私机构一样于五月一日中午提前下班。此外，洛杉矶附近四月和六月有过两次大地震。

我上信提到给她寄了苑书义《李鸿章传》，其中的资料她居然认为“非常可贵”。此书我还保存，但下面只根据寄给她的几页做一摘要。

关于李鸿章把爱女嫁给张佩纶的片段：

> （光绪）帝党不仅直接攻击李鸿章，而且还把矛头对准李鸿章的两个亲信，即北洋海军提督丁汝昌和“东方赘婿”张佩纶……帝党虽然没能搞掉丁汝昌，但却把张佩纶“驱令”回籍。张佩纶因马江战败，夺职遣戍三载。一八八八年戍满释回，李鸿章把爱女菊耦许配给他为妻。当时菊耦甫逾二十，而佩纶已满四旬，且系三娶。李鸿章颇为得意，声称“老年得此，深惬素怀”。李鸿章择婿佩纶，意在用其长才，并藉其疏通李鸿藻。佩纶以“北学大师”、清流“四谏”之一而作“东方赘婿”，颇受时人讥评。梁鼎芬有诗云：“蒉斋学书未学战，战败逍遥走洞房”。“见者皆为之失笑”。

近些年随时看了些有关张佩纶的资料，知道他生前死后形象十分复杂；众说纷纭，毁誉参半。他和重外孙女一样是天才型。张之洞尝赞他的才情“一时无两”。作为“北学大师”他的诗文很受推重。学而优则仕，成了清流“四谏”，宦海浮沉，至终沉而不能再浮。却娶了“恩师”爱女为妻，为中国成就了一个伟大的短篇小说家。《孽海花》中以庄幼樵影射他，说他“才大心细，有胆有勇，可以担当大事；可惜燥进些”。缪荃孙《艺风堂杂钞》卷五收了佩纶给朱子涵的两封信，其中提到他太太“屡有小病”。另外要求朱提供他家所藏旧书，由他

(佩纶）负责代纂一本书目云云。缪在信后加了按语，指出佩纶得到书后并没有刻印那本书，“何以自解？”在福建铩羽逃归而至终竟成李鸿章快婿的经过非常曲折，不像当时外界某些谣传所说的那样不堪（可参看徐珂《清稗类钞·战事类·张佩纶与法人战于马江》条）。张的罪案由左宗棠负责查办；他发现佩纶冤枉，复奏时曾为之辩解。至于李鸿章，他在战况紧急时拒绝派舰前往增援，使陈寅恪在《寒柳堂记梦未定稿(补)》中作了这样的推论：“马江战败，丰润因之戍边，是丰润无负于合肥，而合肥有负于丰润；宜乎合肥内心惭疚，而以爱女配之。”［其实在他之前黄濬《花随人圣庵摭忆》已经有这种说法。黄是个才子，诗和书法都为人推重；抗日战争刚爆发时任行政院主任秘书，甘为日本间谍，因泄露最高国防机密而被处决。战后陈读其书深受启发，曾写一诗对其下场表示惋惜。黄书多次谈到佩纶，大都称许维护。如页104：“今平情而论，西后久恶清流，故使书生典戎，以速其败，中法之不敌，张等固不能辞职责，而其实何能尽以咎张？”（马江之战期间佩纶曾写信给侄子人骏诉说：“一切呼应不灵，闷甚愤甚……南援不来，法船日至。闽已苦守四十余日，止能牵制，而忽令阻其未出，以至法不肯退；忽令如蠢动即行攻击，以至闽仍不敢先发［此时先发亦败］……澶渊之德不成，街亭之败难振，命也。”）］张爱玲生前如果看到这样的资料——我想没有——该会极感欣慰的。她从来没有见过祖父母，却始终对他们充满了眷念的感情。《对照记》说：“他们只静静地躺在我的血液里，等我死的时候再死一次。我爱他们。”《小团圆》第三章有同样的话。《对照记》说她看到刚出的《孽海花》中的庄仑樵影射她祖父。去问父亲，他叫她看他编印的佩纶的全集。后来她听人说祖父“诗文都好”，“诗属于艰深的江西诗派”。(黄濬书页309—310引佩纶诗，赞曰：“二诗饱满精悍，正可想见篑斋之为人。”页553提到佩纶挚友陈宝琛盛赞他的诗作超卓。)她还提到祖父母合写过一本武侠小说，“故事沉闷得连我都看不下去”(据我所知，她晚年浏览美国侦探小说消遣，但从来不看武侠小说)。《涧于日记》多次写夫妇间的恩爱情景。另外，张、陈两家颇有因缘；陈寅恪书中原有专章《吾家与丰润之关系》(惜已散佚)，该是指张。佩纶弹劾过寅恪的祖父宝箴；《马关条约》签订后宝箴、三立父子对李鸿章深恶痛绝；散原甚至曾致电张之洞，吁他奏请诛杀鸿章以谢天下。寅恪的父亲三立与佩纶堂侄人骏(《对照记》着重写到过。他比叔父还大两岁；早一科中进士；是袁世凯亲家)有师生之谊，在张任两江总督时曾入其幕府。张殁后写了《张安圃师挽词》。

对于戊戌政变，苑书另外引了康有为致李鸿章一信的片段，内有“更深知公维新之同志”这样的话。苑也说李“明里观望持重，暗中多有同情”。梁启超《李鸿章：中国四十年来大事记》(一九〇一年)未提李与维新运动有什么直接关系，但对这位前辈颇有褒词。书中作了有名的盖棺定论：“吾敬李鸿章之才，吾惜李鸿章之识。吾悲李鸿章之遇。”任公在书里录了自己为李鸿章所撰挽联曰：“太息斯人去，萧条徐泗空；莽莽长淮，起陆龙蛇安在也？/回首山河非，只有夕阳好；哀哀浩劫，归辽神鹤竟何之！”笔尖颇带感情。(按：任公此书写于一九〇一年鸿章乍死时；他才二十九岁，正因戊戌政变失败而亡命海外。初版书名《李文忠公事略》；作者佚名。该书近些年来屡屡出过简、繁体字版。)他对张佩纶则很不齿，该书作结论时指张当天津机局出纳期间贪污枉法，影响到中日海战的结果。(按：梁著《李鸿章传》近些年来不断有新版，包括二〇一五年北京商务印书馆和二〇一六年北京新星出版社。)

苑书从美国学者福尔索姆（Kenneth E. Folsom）论幕府制度的专 著 *Friends, Guests, and Colleagues: The Mu-fu System in the Late Ch'ing Period* (Berkeley: University of California Press, 1968) 汉译本抄列了一九〇四年四月李鸿章直系子孙分家时一份遗产分配“合同”，很有参考价值。

李鸿章在戊戌政变中扮演的角色是相当暧昧复杂的。一般都把失败归咎于慈禧、袁世凯和刚毅，但高阳《慈禧太后与伊藤博文·戊戌政变真相之揭发》一文却说当时对维新最感威胁者有两个人，首先是李鸿章，其次才是刚毅。李同变法主脑之一翁同龢之间水火不相容，如果事成，必会追究他的一些贪渎行为，他可能命都难保；因此积极策动慈禧训政，遂导致政变。这篇文章是高阳在日本所作的演讲，原为摘要，全文发表于台湾《历史月刊》创刊号(一九八八年二月)。张爱玲可能在报刊上看到有关报道。(高阳另有长篇小说《李鸿章》及其他谈论李的文字。）按：李翁之间由于公私方面的恩恩怨怨早就交恶（主要起因是同龢之兄同书任安徽巡抚时被曾国藩严弹，遣戍新疆，而劾状出自李的犀利的手笔），翁不止一次利用自己的权位——“帝师”和军机大臣——对鸿章积极进行报复倾陷；李也视翁为死敌。(按：佩纶死后张之洞有“过张绳庵宅”诗四首，其中有两句说“知有卫公精爽在，可能示梦儆令狐”。此处指李德裕死后令狐绹梦见他的故事。卫公影射佩纶，令狐影射同龢。）陈宝琛也有诗悼念，题为《检篑斋手劄怆然有感》。陈和二张同属清流“四谏”。(“清流”说法不同，但都有二张。)

从这封信开始，她全都使用深黄色洋葱皮纸。地址条没有再替她印；已印者至少她给我们的信从来没有用过。

庄信正致张爱玲

一九九二年十一月二十三日

爱玲先生：

我8月返台，9月初回大陆。47年首次重睹老家旧屋和（大多从未见过面的）亲友，确是一traumatic的经验。

在台湾见到姚宜瑛两次，她说曾收到您的信，非常高兴。

我是先去北京再返青岛故乡的，在北京逛了两天书店，竟未见到有关李鸿章的资料，很可惜，因为书极便宜（与美国、台湾相比），我买了不少，随身带回，方便而省钱省时。

对大陆的印象颇喜出望外，控制已失灵了，越是民间越不理睬。基本上我在三处的印象（第三处指我老家，离青岛140华里）是与1949以前并无差别。当然，报刊、电视之类仍严格被管制，但社会上则相当自由。我不敢上大街去骂邓小平，但1949以前我也不敢上大街去骂蒋介石。

您近况如何？我认为您还是该偶而发表文章让大家欣赏。不必是小说，任何形式都可。

我还是在学俄文。在台时有一知交表示反对，我很理解，觉得这也许证明自己在逃避作正经研究。学了干什么呢？连我也有些惘惘然。

返美后9月20日左右电林式同，他不在家，过了几天他回电我又不在家。希望他在上海进展顺利，也希望您能回上海看看。祝福

信正

11.23

说明：

一九四五年八月日本投降，共产党立即进驻我的故乡即墨县（现为青岛市即墨区）刘家庄镇，秋天我去了青岛（原先是该县一小渔村），到一九九二年九月正好隔了四十七年。

在台北收到姚宜瑛大姐寄来张爱玲给她一信的影印本，谢她签赠回忆录《春来》，并表示赞赏。（参看姚《她在蓝色月光中远去——与张爱玲书信往来》，台湾《中央日报》副刊，一九九六年九月二十五日。）

这段时候式同计划去上海开展事业，前往实地探查过几次。

庄信正致张爱玲

一九九二年十一月二十八日

说明：

没有写信，只是寄她十一月十二日《中国时报》“人间”版所刊大陆学者陈漱渝《张爱玲的海外姻缘》一文，她保存了这份影印。其中全文引了一九五六年九月九日张爱玲给胡适函，请他写申请奖助金的推荐信，顺便告诉他她已经同赖雅结婚，其时正在续写一长篇小说（现在知道是*Pink Tears*），然后计划写另一长篇，“背景是战前至胜利后的上海”（指《小团圆》）。陈文偶有讹错，例如把胡兰成一人所办的《苦竹》说成是“夫妻二人”，称炎樱为“作家”等。基本上对张爱玲非常推崇。

庄信正致张爱玲

一九九二年十二月十七日

爱玲先生：

日前曾寄上一信和剪报，想已到。

突然接到郑绪雷的电话，他“失踪”了七年，我以为已放弃写张传的计划了。谁知由 Boston 转去 Stanford，还在继续作关于您的 research。说在上海见到令姑丈。提到您在大陆的版税（我在北京的新华书店见到《张爱玲散文选》，推荐友人买了一本）。

在台湾书店里看到《全集》已开始出书，相当美观。

修笠正在申请大学，她人很硬气，有自己的看法。书读得还好，目前有志于英国文学，仿佛第一二志愿是小学校 Amherst 和 Williams，我们希望她能去大点的。

[年卡]

Peace, joy and friendship/ Paix, joie et amitié/ 和平　快乐　友谊

信正　荣华　修笠　修昱

1992

说明：

年卡所附的信。

十一月二十九日接郑绪雷自加州来电谈张先生，内容：(1) 他刚从上海返美。在上海看到她的姑丈李开第，已九十多岁；她姑姑

已经去世；(2) 她在大陆的版税已有两万多人民币，但姑丈不知如何兑换美金给她；(3) 她给他寄钱，也不清楚有什么妥善办法；郑在香港见到宋淇，他竟不知道大陆当时仍可用外汇券；(4) 张给李的信里说每天要花五小时在身上搽药；对蟑螂无计可施；(5) 皇冠出版社计划中的张爱玲全集末卷《小团圆》是她根据与胡兰成聚散经过而写的小说；(6) 绪雷搜到一些有关资料，比较敏感，暂时不能公开；主要指她一九六二年初在香港给赖雅的信，她去世后有的已经披露，见周芬伶《张爱玲梦魇——她的六封家书》(收入陈子善编《记忆张爱玲》)。

《张爱玲散文选》：这年六月浙江文艺出版社刊行，来凤仪所编《张爱玲散文全编》，我见到的该是这本，而记错书名。我手边有一九九五年一月第四次印刷版。

张爱玲致庄信正

一九九三年一月六日

REYHER

P. O. BOX 36D89

LOS ANGELES, CA 90036

信正，

前一向我去作几项延搁已久的身体检查，打感冒预防针，连日奔走，就又感冒一个月才好，是我常有的笑话：看了医生回来就病了。拿到的信全搁着，只拆开账单，所以最近才看信。你学俄文一定非常有用，俄国现在情形又“悬”又吃紧，尤其西伯利亚是中日欧美都急于要去发展，将来竞争得最激烈的地方。林式同上次跟你先后去大陆，我就想着也许刚错过没碰见。他对大陆较乐观，是因为知道得比你少。我是真的一点都不想去，就连我姑姑还在世的时候也都从来没考虑过。半年前我收到的中国时报上有小霉虫，大概是船上货舱里的。一蔓延又要劳民伤财，杀虫无效终于搬家。吓得赶紧去信请他们停止赠阅。你有文章在《人间》上发表，就请等有便影印一份给我。我正在写的一篇长文还不到一半；另外还有几篇故事要写。不知道今年什么时候阴历年。先给荣华和你拜年。二修都好？

爱玲

一月六日

注解：

此信一月十三日收到，其前于一月九日电林式同。他提到年底曾打电话给张先生拜年，她很轻松愉快，还跟他开玩笑。

一九九一年我开始在联合国选修俄文，念得很辛苦。最后一学期已接近退休时间，很多手续要办，遂废然而止。其实我是为了看陀思妥耶夫斯基和契诃夫。张先生说俄国情况又“悬”(危险)又吃紧，是因为那时苏联刚刚解体，四分五裂。她很少对政治和时事表示意见，这里可算是例外。

张爱玲一九六九年以前为了写作和生计去过不少地方，包括台湾和香港。一九六九年去伯克利住了两年。但是在洛杉矶二十多年当中尽管居无定所，却从未离开市区，也没有去任何地方旅游。她姑姑与她情逾母女，一九九一年在上海病逝。

她正在写的还不到一半的长文指《对照记》，这年六月初脱稿。还要写的几篇故事不知何所指；《张爱玲私语录》所选出信中也未提过。

写这信时离她辞世只有一年半了，而健康越来越坏，照顾自己的身体变成日常摆脱不了的劳役。从最后这几封信里特别可以看出她急于写作、却因病痛和虫患（不管是真的还是幻想的）而无法提笔的焦虑。

那些年《中国时报》以海路全份赠阅国外的一些人，我也收到过。其时我仍偶尔在该报“人间”版发表文学杂记性文字。

庄信正致张爱玲

一九九三年二月六日

爱玲先生：

很高兴收到您1月6日的信。这次阴历年是1月22日星期五除夕，正好碰上周末，十多年来首次，我们因而得以在我父母公寓度岁。

从今年起，我父母开始打感冒针，您有没有试试其效果？我总是忘记打，等到感冒时想起来，又觉反正已感冒一次，最多再染一次，也就干脆不去打了。前些日子与式同通过电话，他说您在电话上很 cheerful，精神显然很好。他过旧历年后会再去上海。他们建的总部大约快完工了，一二年后还可能向外地发展。自他的观点看，乐观也难免，据我两周走马看花的印像，已经失控，越是下层，连干部也八仙过海，力求自显神通。经济挂帅，向“钱”看。至少在当前，这倒是好现象。民间相当自由，很像1949以前我小时候那种气氛。我老家的镇党支书恳求我替他介绍国外投资，只字未及马列毛。我到北京过天安门广场，被亲戚迫着停下参观，但我偏不去毛……，在门楼前照相也大角度侧着照，避免他的照片，结果正也照坏了。

日前友人自北京来信，说在书店看到您的全集精装四册，印得很漂亮，我想该就是皇冠版而非大陆重印的，大陆印书远不如台湾美观。

前天去找夏志清先生吃了一次饭，已经一年多未见，他气色很好。7月那次病有惊无险，但或许他心理上尚有余悸，所以不似以往那样 exuberant。

知道您在积极写作，很振奋。如需任何资料请随时赐告，我这边图书馆和书店都方便。附上郑树森的一篇短文，他是继我之后接编洪范版《中国近代小说选》者。

我有时邮购英文折扣书，有的书目值得翻阅，记得 Flannery O'Connor 说过她喜欢读书目。碰到好的我会寄上。

修笠正在申请大学，她拒绝去 Harvard，对 Yale 和 Princeton 只答应申请，倒是极想进 Williams 或 Amherst、Wesleyan 等小学校。修昱倒已表示他会愿意“考虑”Harvard，如果人家会考虑他。祝

年好

信正

2.6

(荣华在同时作两个半天工)

说明：

因为喜美子患痴呆症，离不开他，林式同在上海发展事业的计划半途而废。

友人看到的“全集精装四册”书名该是未经授权的《张爱玲文集》(安徽文艺出版社，一九九二年六月)，平装本。

与此信同时寄给她的是上年十二月二十三日《中国时报》“人间”版所刊郑树森短文《张爱玲仍是一则传奇》。其中针对陈漱渝《张爱玲的海外姻缘》(见我一九九二年十一月二十八日的信的说明，304页)提出补充，认为后半部关于赖雅的一些细节采自他《张爱玲、赖雅、布莱希特》一文。

那些年我经常向Edward Hamilton、Daedalus、Scholar's Bookshelf等书商和各大学出版社（如Oxford University Press）邮购二手书。它们在书目中为了招徕都会给每一本作简短的评介，不外是吹捧，却可据以知道梗概；也往往引述报刊的书评，不无参考价值。Flannery O'Connor一九五五年十月十二日致友人信里曾说“I like to read booklists”，尽管看不到书的本身。

庄信正致张爱玲

一九九三年四月十四日

爱玲先生：

上次寄上书目想已到。昨天收到香港邮购来的一批书，内有一小册子《李鸿章》，翻了一下，因仅一百页，很简略无新意，但还是把年表和参考书目部分寄上，尽管都很不全，尤其书目显出作者未做好 homework。到目前为止，definitive 的李传还有待好的传记家编撰。其实也有必要好好地写本令祖的传。美国近些年来传记文学越来越入佳境，中国差太远了，尤其中共那套。

郑绪雷 5 月 1 日来纽约与夏先生和我餐叙，这些年他常与我通电话或书信，但尚未见面。日前姚宜瑛来信，想把他前些年在明报月刊关于您的文字推介在台湾重刊，昨天接郑来电，说当年已在皇冠重刊过了。祝

安好

信正

4. 14

（前天与式同通电话，他说你们曾通过电话。）

（修笠拿到她第一志愿 Williams 的入学证，Yale 是备取，但她坚决不要去，看来去定 W. 了。她要念 English。）

说明：

写此信前一天收到从香港邮购的这本《李鸿章》（尹福庭著；军

事科学出版社，一九九一年）。即把书后所附年表和主要参考书目影印寄她。该书是“中国历代名将丛书”之一，薄薄一百三十二页的小册子；年表没有提到张佩纶夫妇的名字，书目未列《涧于集》。张先生把资料和信一起保存了。此后到现在，李的传记已经有好几本，而张佩纶的则似乎仍未出现。（《清史稿》有张佩纶传。）

此前二月二十二日接郑绪雷来电，说张先生姑丈曾给她去信，但已经四个月没有她任何音讯，很不放心；绪雷上一年年底给她写过长信，也未得回复。我告诉他一月夏志清先生和我都接到过她的信，去年年底她跟林式同在电话上聊天时轻松愉快。她这封信同上信相隔八个多月。

四月十一日与林式同通电话，他说几天前曾电张先生，她正在生病，不能多谈。式同给她寄卡存问，她回电话时打到喜美子的号码，告诉他们已经好了，听起来很高兴。谈到洛杉矶她住过的公寓，她说只喜欢两处，其一他知道（我猜想是她第一次租的，即 Kinsley Avenue 那家）。她要式同在上海建好房子以后寄照片给她看看。式同告诉她已经安排，他旅行期间喜美子可以帮她办事。（但是她从来没有找过喜美子。）

五月一日郑绪雷如约而至，中午我们与夏志清先生去纽约市西 89 街一家海鲜店餐叙。饭后去附近 Riverside Drive 访问纽约大出版社 Doubleday 已退休的名编辑 Kenneth McCormick；绪雷问了他有关当年蒋介石与陈洁如的事。绪雷送给我他在 *Renditions* 发表的英文稿“Eileen Chang’s Mirror Image”。与绪雷作别后我随夏先生回他家，借到当月的《皇冠》，内有张爱玲为该刊四十周年所写贺词及该刊编辑关于与她通电话的简短交代。五月十日接绪雷来电，大致内容：

(1) 他获悉张先生的弟弟子静正在或已经写书谈他姐姐的青少年时期；(2) 子静很穷，住在一间陋室，绪雷答应帮他忙；(3) 大地出版社主持人姚宜瑛可与子静订 exclusive contract（独家合同），多给稿费；(4) 如果在张爱玲生前出书，当然会先征求她同意；(5) 此事暂时不能为外人道。两天后绪雷又来电，说张子静的书已基本完成。(此书即《我的姊姊张爱玲》。)

张爱玲致庄信正

一九九三年九月十三日

REYHER

P. O. BOX 36D89

LOS ANGELES, CA 90036

信正，

我上一封信大概也都谈过，从去年冬天起接连感冒，老毛病，澈查过多次无效。吃低胆固醇 diet 也更抵抗力低。医生叫吃一种高营养饮料后，卧病时间从一个月缩短到一个多星期，但还是好不了几天又发。这些时收到信都只拆看账单，连写这封信（也想写很久了）都没去找出你的信来看，实在说不过去。姑且先写个短简来说明近况。前些时也是因病耽搁，来不及写信给皇冠，只好 fax，不该填了电话号码一项，他们就打来。必要的话再换号码。你跟荣华都好？可又出国过？看见你在台北评小说奖的报道。说得都对极了。最讨厌那东年。

二修都好？

爱玲

九月十三

注解：

医生要她吃的高营养饮料指 Ensure，一种罐头，其广告自称为 complete balanced nutrition（完备平衡的营养品）。

八月我返台北为《中国时报》和《联合文学》担任文学奖评审，住了近一月。她问“可又出国过？”则是指我在联合国工作偶尔会出公差。

回纽约后于九月二十一日收到此信；关于没有时间写信，可参看她十月十七日给邝文美一函，其中说她收到李开第两封信，而“我这些时一直收到信只拆看账单，他的信跟志清庄信正各有两封信都迄未开拆”。我的就是上面两封。九月二十二日我即给她一信，附寄我的新书《流光抛影》和关于所谓“靖本”《红楼梦》的剪报；没有保存。

庄信正致张爱玲

一九九三年十二月十五日

[年卡]

爱玲先生：

Season's Greetings

恭贺新禧

信正 荣华 修笠 修昱

1993

附上剪报，不知您是否已看到。

说明：

随卡寄给她两份剪报：(1) 十一月七日美国《世界日报》"书香世界"版关于《对照记》的报道，标题是"老相簿　旧心情"；(2) 该报另一篇报道（未记日期，该是八九月），题为"张爱玲白先勇等作家传记将登场"。

庄信正致张爱玲

一九九四年六月二十七日

爱玲先生：

我因为学俄文，老牛破车，出力不讨好，把时间几乎全部投入。L. A. 大地震那天先从舍妹处知道你们住处附近有惊无险；打电话给式同，后来他告诉我曾打电话给您问地震情况，无人接；过些日子再打时打通了。知您并无损害。我大后天去台北参加一翻译讨论会，7月底返美。这学期因赶写 paper，俄文暂停（只剩最后一学期即第九学期），请了五周假在家赶完。这样忙心里较有着落，并不因下年就要退休而有任何异样感觉。《对照记》我从志清先生处借到，觉得亲切而又 nostalgic。水晶的文章也读了，夏先生仿佛说过他也写过心得，但我未见过。前天收到《联合文学》，其中有一关于您的论文，想您已见过。《对照记》相当 selective，1974 年在您公寓看到的有些未披露，请全部保存，这是 invaluable 的文献。

祝福

信正

6. 27

说明：

这年一月十七日洛杉矶发生大地震，我从住在那边的妹妹处知道张先生公寓附近没有什么灾情。随即电林式同，他打电话给她，没有人接；寄她一信之后再打时她知道是他而接听了，说地震期间她受到的唯一影响是厨房的灯罩被震落地上。

《对照记》由《皇冠》上年十一月至这年一月分三期登完，不久出书。水晶的文章指《我看张爱玲的〈对照记〉》，后来收入他的文集《说凉》。

一九七四年六月我和荣华离开洛杉矶前应张先生之邀去她公寓长谈。她拿出几本照相簿给我们看，并为我们解说；看得我们非常兴奋而入神。记得没有她曾外祖父李鸿章，但是有许多她自己和亲友的相片后来没有收进《对照记》。当时刘锴已是“台湾资深外交官”（作过大使、驻联合国常任代表等），她特别让我们看他与她母亲等人的合照。她辞世后荣华在追忆文字里曾提到这点（参看张先生一九七四年六月二十八日来信及注，94页）。二〇〇九年三月题为“乐趣集”的博客上有一篇《〈小团圆〉索引》，根据荣华的文章及其他记载推断《小团圆》中的简炜影射刘锴。

有几次她在我的信的封套背面试钢笔尖的墨水；这次或直或弯画了近二十道，仿佛一边查看墨迹一边陷入沉思。

庄信正致张爱玲

一九九四年八月十八日

爱玲先生：

6月寄上一信想已到。我6月30日去台，7月30日返美。在台北曾与姚宜瑛聚餐，她对您很怀念关心，买了五本《对照记》，四本送我，另一本要我回来代赠夏先生。上周与他同吃中饭，我们都另外收到您嘱皇冠航寄的《对照记》，谢谢。此书我在台北反复又重看了几次，觉得亲切而又可贵，而且更加希望您能进一步写回忆录，也不必讲谨严的结构，用 notations 即可。这两周我在看 Edmund Wilson 的 Journal：The Sixties，就是日记体，夹叙夹议；反而显出 spontaneity。我注意到您全集中有《小团圆》，不知何时可以出版。

我下年五月满60岁退休，大体上是回到书房全心全意读书写作，事实上我在期待这天来到，因为上下班的工作占时间太多。唯一美中不足的是"财政"会困难些，但我节省多年已成习惯，该可撑得住。修笠秋天在 Williams College 念二年级（English & Asian Studies，正在续修中文）；修昱下年也要上大学了。修笠现在每年学杂费超过25,000元，修昱希望能拿到或多或少的奖学金，免得我破产。二修书都念得非常好，人也很正派，颇使我欣慰。

在台北买到胡兰成的《中国文学史话》，其中仍以谈您的文字最可读，主要是记述您当年的"语录"。我翻阅过他的《今生今世》，《山河岁月》，《禅是一枝花》等，只有《今生今世》记录您当年的谈话极有价值，余则乏善可陈。

日前看到一篇对靖藏本红楼梦提出质疑的文章，寄上供参考。您和俞平伯、周汝昌一样接受这个版本的存在，但您说它迷失的原因是藏者怕被公家没收，现在似不会如此了，而书却仍未出现。我颇怀疑是毛国瑶在弄虚作假。即请

近安

信正

8.18

说明：

七月三十日从台北返回纽约，当天收到她嘱皇冠出版社航空寄赠的《对照记——看老照相簿》。

因为要寄的影印文字较长，用了中型马尼拉纸封套；附件和信一起保存下来。

《皇冠》一九九三年十一月版《赤地之恋》勒口所列她的著作中预告《全集》第十五种是《小团圆》，但次年出的《对照记》却以该书为第十五种，而未提《小团圆》。

Edmund Wilson：埃蒙德·威尔逊，美国大批评家，也写过长、短篇小说。他的日记体Journals包括*The Forties*，*The Fifties*，*The Sixties*，*Upstate*等。

胡兰成《中国文学史话》有三篇文章专谈张爱玲；同《今生今世》一样看得出他对她有精当独到的体会和见解，也很有自己的功力。但措词和态度——轻佻，孤芳自赏——我很看不惯；八月十一日看该书时在日记里发议论道："此人属于'才子+流氓'型，偶有insight，而字里行间常令人起反感。"（一九九五年三月二十六日翻

看《今生今世》其他章节，日记里说“其人其文皆可厌”。他的《禅是一枝花》也透着在炫耀，语气不够庄重。张先生一九七六年四月四日给宋淇信中斥胡为“无赖人”。)

我寄的文章是《红楼梦学刊》一九九四年第一辑里石昕生《谈“靖本”〈红楼梦〉有关问题》的二十页长文。该刊编者在文前加了按语，结尾说作者“多年来从事红学研究……经他与毛国瑶先生多次通信，又查对了已有的《石头记》各抄本，提出‘靖藏本’批语乃是据甲戌本、庚辰本、戚序本及俞平伯先生《脂砚斋石头记辑评》拼凑而成的，因而根本不存在一个‘靖藏本’”。我寄给张先生这篇文章，并班门弄斧，鼓勇直言，是因为每次读《红楼梦魇》往往会感觉她称引时似乎应当有所保留。

张爱玲致庄信正

一九九四年十月五日

REYHER

P. O. BOX 36D89

LOS ANGELES, CA 90036

信正，

三封信都收到。我这些时一直是各种不致命的老毛病不断加剧，一天忙到晚服侍自己，占掉全部时间，工作停顿已久，非常焦灼，不但没心思写信，只看报看电视，impersonal & relaxing，避免 personal contact，所以连你的书都没看，只翻了翻，知道是写往事，就会心地微笑——也许我们都是受了你那篇讲 Proust 的文章的影响？我正在写的《小团圆》内容全《对照记》，不过较深入。姚宜瑛考虑登我弟弟关于我的文章使我感到为难，也是迟迟没回信的一个原因。我弟弟 1944 写过一篇东西关于我，前几年又写过一篇，内容大致相同，只多了一段讲我用水彩颜料在一个八九岁的小女佣脸上涂抹，被我父亲骂了一顿才住手。是画京戏旦角的胭脂，不过我跟父亲与继母闹翻以前他们由于种种顾忌，一直对我相当客气，只虐待他，绝对不会为一个小丫头骂我。他记错了是 a Freudian slip, wishful thinking，他近年来对我误会很深，因为我没能力帮助他。对我姑姑也许更甚。来信说“姑姑跟一个姓 X（忘了，反正是个陌生的较少见的姓）的坏蛋同居。”同在上海，会不知道她是跟李姓工程师结婚。再写一篇关于我，尽管竭力说好话，也会有同类的

Freudian slips。自己弟弟说的，当然被视为事实。但是他在困境中赚点稿费我都阻挠，也于心不安。有便请替我向姚宜瑛解释，再告诉她我去年预备寄给她的贺年片都没顾得及寄出。（下次跟皇冠通讯时要请他们补寄一本《对照记》给她，）关于靖本的剪报因为简体字阅读困难，还没看。你退休了我倒替你庆幸，毕竟政海波澜莫测，宁可经济上受弩一个时期。子女好反而负担更重，大学学费涨。幸而他们大了荣华的担子轻松些也更可以帮你。你们一家使我想起John P. Marquand 书中的一句："In the end everybody gets what he deserves." 久已不信"善有善报"的近代人有点诧异的发现，所以给人新鲜的感觉。《对照记》单行本又多出一批错字，以后再寄好点的版本给你跟志清。未收入的老照片都留着。

爱玲

十月五日

注解：

这是张爱玲给我的最后一封信；离上信一年二十二天（其间我给她寄过年卡和两封信），写在她生日后五天，辞世前约十一个月。（据林式同说，一九九五年九月八日她的遗体被发现后，殡仪馆的人认为已经断气三四天；有些资料径称她殁于九月八日，是错的。）

她提到我"那篇讲 Proust 的文章"指《普鲁斯特的第一句》，收入文集《流光抛影》，即此信所说她刚收到的我签赠的书。

《小团圆》：她屡屡把这部书稿同《对照记》相提并论，其自传性自不待言。司马新（郑绪雷）一九九二年十一月给我电话时曾说，读过原稿的宋淇告诉他这本小说写到她与胡兰成聚散的经过，而当时胡在台湾成为争议性人物，劝她不要出版。二〇〇七年宋以朗透露她生前曾嘱宋淇把书稿销毁；他没有照办。她去世后林式同于同年十月十八日在电话上告诉我，他见到《小团圆》有两种手稿。我手边有宋以朗惠寄的一种，是二〇〇九年繁体和简体两种版本的根据；笔迹整洁清晰，显为最后定稿。

她弟弟一九四四年在上海与友人合办杂志，求她供稿被拒，自己写了一篇《我的姊姊——张爱玲》。她去世前一年子静计划撰写同名的专书，大地出版社主持人姚宜瑛很有兴趣出版，嘱我给张先生写信时问她是否首肯。她这封信表示十分为难，却并未峻拒。至终由子静提供资料和纲要，季季整理加工，于张爱玲死后四个月由台北时报出版公司印行；二〇〇五年印刻出版公司再版。（一九九五年九月十六日我与邝文美女士通电话，谈到张子静。她说张爱玲给她们夫妇的信里从来没有提过子静，因为姐弟始终不和。）

Freudian slip：指无意间泄露真意的笔误或失言。她似乎很喜欢这个词；《对照记》着重解释说："Freudian slip（弗洛依德式的错误）。心理分析宗师弗洛依德认为世上没有笔误或是偶尔说错一个字的事，都是本来心里就是这样想，无意中透露的。"她很信服弗洛伊德；如《忆胡适之》《小团圆》第七、九章，和《易经》第三章等都提到过他。

wishful thinking：更露骨地责她弟弟"一厢情愿"。关于她无力资助弟弟，张子静在书的前言加注引了她一九八九年一月二十日给他的信里说"传说我发了财，又有一说是赤贫。其实我勉强够过——这都是实话。没能力帮你的忙"。一九九五年她辞世后林式同处理她的遗物，十月四日和八日在电话上告诉我她银行里仅存一万元；另一帐户数额他不清楚，但似也不多，而且是她和邝文美的 joint account（联合存款），只限邝女士可以提用。

李姓工程师：指李开第。一九八九年一月二十日张给弟弟的信里告诉他“姑姑是跟李开第结婚——我从前在香港读书的时候他在姑姑做事的那洋行的香港分行做事，就托了他做我的监护人”。《对照记》说他是她母亲和姑姑“在英国就认识的老友”。参看一九八二年十二月二十三日张爱玲来信及注（142页）。

我上信提到将于下年（一九九五年）退休。她总是认为我的工作带政治性，而“政海波澜莫测”，怕我受干扰。

“In the end everybody gets what he deserves”：善恶自有报应；她偏重“善有善报”这层意思。马昆德（John P. Marquand），上世纪中叶美国著名小说家，得过普利策奖。张爱玲自承《半生缘》受到其*H. M. Pulham, Esq.*（《普汉先生》）的影响。（见宋淇《私语张爱玲》。）已经有不止一人就此提出论文。我跳读此书并翻查这位多产作家的几本其他著作（包括侦探小说），未能找到这句话的出处；因为意思太普通，加以马昆德早已不受批评家重视，所以辞书里也未见收录。据麦卡锡回忆，一九五四年马昆德去香港时他把《秧歌》英文稿头两章给这位当红作家看；马大为赞扬，带回美国同书商接洽，促成该书一九五五年在纽约出版。现存张爱玲与马昆德之间通信各四封以及他为她申请住进The MacDowell Colony而写的推荐信。除*The Rice-Sprout Song*以外他对短篇小说稿*Spy Ring*（《色，戒》的前身）也表示激赏，建议她投给*The New Yorker*、*Harper's*（《哈泼氏》）或*The Atlantic*（《大西洋月刊》）等第一流刊物。他并向Scribner's建议在*Pink Tears*未脱稿前先付给她一部分版税，结果徒劳无功，该出版社根本拒绝出书。他曾邀请她去他家——离她住处不远——度一周末，她婉辞了。

《对照记》初版中的错讹如前言“丢三腊四”的“腊”应为“落”。（除非是原稿笔误或是用了上海本地写法。她一九八七年三月二十八日给邝文美、宋淇信里写道“我近来丢三落四更荒唐了”）；页五十二倒四行多一逗点；页五十四末尾“夫人不言，言必有失”的引号误加在“失”字前面。

未收入的老照片都留着：一九七四年我和荣华在她洛杉矶公寓看到的照片比《对照记》中多得多，值得考虑再编印一本续集。参看张爱玲一九七四年六月二十八日那封来信的注解（94页）和我一九九四年六月二十七日去信及说明（318页）。

庄信正致张爱玲

一九九四年十二月十六日（邮戳）

爱玲先生：

前次寄上资料想已收到。

接姚宜瑛来信，说我上次提到的那两本关于您的书她也有，并已看过其一，认为抄资料太多，我也有同感。她刚看过电影《红玫瑰与白玫瑰》，我根本还不知道有人在拍。姚还说台北的时报下年拟举办张爱玲研讨会，已约了不少张迷。

信正

[年卡]

Peace, joy and friendship　　和平　快乐　友谊

信正　荣华

1994

说明：

据日记，这是我给张爱玲的最后一信，附写在年卡上（我没有留底；宋以朗曾在其博客“东西南北”影印过此信及年卡）。

姚宜瑛大姐此前于十二月六日给我的信里说“你讲的两本张迷书我都买了；《张爱玲传》资料用的太多，另一本还未有空读”。《张爱玲传》是指于青那本的台湾繁体字版；另外那本她未提书名，我也忘了。

我一九九五年五月退休，公私两方面都有许多额外杂事需要办理，加以此前有过几次数月乃至一年未接到她来信，所以此后到九月八日她被发现去世其间八个多月当中没有给她写信。但是从一九九四年十月中旬开始重读她的著作及有关资料。现在把一九九五年九月八日之前日记中涉及她的事摘要撮录如下：

三月二十六日至二十七日看《今生今世》。二十八日跳读《歇浦潮》，至四月七日废然而止，当天日记说："此书公开学《红楼梦》，实则像《金瓶梅》，多写民初上海娼妓、姬妾等淫行，而与《金》、《红》相去太远；不解爱玲为何那样喜爱。"（这里需要补充：夏济安先生同张爱玲的看法相近。一九五八年八月十八日他给夏志清先生的信里说："最近看了《歇浦潮》，认为美不胜收，又看包天笑的《上海春秋》，更是佩服得五体投地。"后来我看完了《歇浦潮》，能理解张、夏二人为什么对该书这样赞赏；《上海春秋》去年托友人买到，但尚未读过。）

四月八日晚看《赤地之恋》，"越来越觉爱玲毕竟是大家，细节极 insightful，用字亦不凡"。九日夜续看，"越发佩服作者毕竟是高手，下笔超乎常人"。十五日晚看完；即开始看《秧歌》，五月二日看完。十八日看她其它作品；把她《忆西风》文影印寄郑绪雷。十九日看《海上花》英译本序；继看《五四遗事》。二十三日收绪雷寄《皇冠》所刊张先生近照影印。

五月一日寄《纽约时报》支票五十二元，为她续订《书评周刊》一年。四日至七日看《十八春》。十九日看电影脚本《小儿女》；次日看完。

七月十七日雷骧主持的“作家身影”纪录片小组就张爱玲专题来访谈。二十九日启程返台湾。

九月七日从台湾去香港，打电话给宋淇先生，邝文美女士说他们夫妇都在生病，不能同我会面；谈到张爱玲，他们也很久没有她的音讯。八日下午忽接荣华电话，说张先生被发现死在公寓床上。我立即再电邝女士，她也刚听到消息，当然极为悲痛；关于后事的处理，我们同意必须恪遵张的遗嘱。十日在书店买到《张爱玲散文全编》（浙江文艺出版社，一九九五年一月第四次印刷）和《李鸿章家书》（中国华侨出版社，一九九四年十一月），已经不能给她用了。

附录

张爱玲召见记

杨荣华

回想起来，当年和暑假回国相亲的他见过一面，通过若干信，没多久就讨论婚嫁的原因，恐怕和他送的一份别致礼物有关。——他请张爱玲签名寄给我两本书。当然，作为“爱好文艺”的青年，纵然水平有限，我的书架上也少不了有《张爱玲短篇小说集》与《流言》；但摸在手上的这两本是张爱玲亲笔指定“给荣华”的，怎不令我晕陶陶、轻飘飘地尝到了爱情的滋味？

婚后住在洛杉矶，每次电话铃响都让我心惊肉跳，“哈啰”之余，最怕的是需要结结巴巴用英语对话。有天晚上，我又紧张地拿起了听筒，“是荣华吗？”耳边亲切和蔼的声音使我全身一松，脑子飞快地搜索：谁呢？到美国后不记得有人这么叫过我。“我是张爱玲。”触电一样，我急忙把信正叫来接听。

原来张爱玲嫌伯克利太冷，想搬到洛杉矶或凤凰城，要信正帮忙。

我们第二天即赴半小时车程到好莱坞住宅区探询，因为信正曾经常出入那一带，知道有“结庐在人境，而无车马喧”的便利。由于熟门熟路，当天就找定了一间一个卧房的公寓。张爱玲也不拖泥带水，立刻约好了某日某时在某旅馆见面，为她带路搬进去。

初会张爱玲，小家子气的我竟一点也不感到拘束。聊了聊搬家的麻烦，我注意到她手掌有很大一块淤青的伤口，她用几乎是抱歉的口吻忙着解释自己一向如何笨手笨脚，绑行李时被绳子勒破了。

张爱玲很高，很重视仪表，头发梳得丝毫不乱，浅底洒着竹叶的旗袍更是典雅出色；但她露在无袖旗袍外的两条臂膀是那么纤细，走在街上又是那么勇往直前、目不斜视，使我忍不住跨到她的右侧摆出护卫的架势：有车来为她挡车，有风来为她挡风。

印象中这座公寓像没落的大户人家，有间会客室，里面丝绒沙发、厚地毯、落地窗帘，不难想像出当年的豪华气派，可惜早已残旧了。管理员是位矮胖的中年太太，殷勤而多话，大家挤在老式的电梯里时，她不住地向新房客问长问短，张爱玲一本正经地告诉她："我不会说英文。"她"喔"一声，愣了愣，目光转向一旁傻笑着的我，居然夸了句我的牙齿很白。

公寓是连家具的，张爱玲自己带了一台心爱的铜制立灯，它的架子向上撑到天花板，中间排着三个可以转头的灯罩，每只灯泡都是二百烛光。她问我们的电视是什么牌子，打算第二天电话订购。

安顿停当，临别时她很含蓄地对我们表示：虽然搬来了洛杉矶，最好还是把她当成住在老鼠洞里。意思自然是谢绝来往。不久，她来信告知电话号码，不过声明不接电话的。

这以后，曾有几位旧雨新知风闻庄信正有"内线"，因此登我们的门，欲访张爱玲，结果当然都怅然而去。

一九七四年六月底，我们在打点行李准备搬到中西部印第安那州，信正写信告诉了张爱玲。有天晚上又意外地接到张爱玲电话，约我们几天后的晚上八点去她那里，带着相簿。

约定的那天到了。我们先去中国城买了些刚开始由大陆进口的糖果点心，在十分钟前抵达公寓大门；略作徘徊，待八点整小心翼翼地上前敲门。两下，没人应；再两下，还是没人应。怎么回事？下楼找到管理员，那位中年太太一听到我们要拜访的对象，简直喜出望外，不但热心地告诉我们看见张爱玲出去了，而且一再叮嘱应该常来看望。

我们坐在拐角的会客室等候，每十分钟前去敲一次门。八点四十，门应声而开。她很惊讶站在门外的是我们，她以为约的是第二天，而她正在等人送货。我们当然进去了，因为第二天一早即将离开洛杉矶，晚上八点该已经到了旧金山。

在几只二百烛光的灯泡照耀下，张爱玲的房间亮如白昼。她让我们坐在客厅小桌旁的两张木椅上，然后忙着张罗泡咖啡，舀冰淇淋，要招待两个人，她好不容易才凑足碗、匙和杯子。她的客厅里，除了和我们同一牌子的小型电视机，没有其他摆设，也不见书架。注意到我新戴的眼镜，她很关心，说是戴了眼镜让人看起来感觉有距离。因此，我一面努力用汤匙吃那满满一碗杏仁奶油冰淇淋，一面不着痕迹地摘下眼镜收了起来。这使她很高兴。

信正在前一晚花了些时间把照片尽可能集中在一本相簿里带来，张爱玲极有兴味地听我们一页页解说。看完后，她起身去取出了厚厚的破旧的一大本，居然是她的相簿！随着张爱玲掀动、介绍，我们两人仿佛梦游仙境，不住地“哦！”“啊！”

这本脱了线的相簿内容相当单纯，除了年幼时的家庭照，占最大篇幅的是张爱玲自己及炎樱的艺术照，另外她收藏了极多她母亲与姑姑游欧的照片，单人的，和多位朋友合影的，个个时髦又漂亮，很难想像走在那个时代的她（他）们有着怎样传奇的身世。著名的外交官刘锴是合照中的朋友之一，传张爱玲称他刘“阶”，不像我们说的刘“楷”。

张爱玲平常总是开着电视，所以消息相当灵通，举凡国内外大事、影艺人物动态全可娓娓道来。她看午夜的“脱口秀”，爱看畅销小说，还向我们推荐杂志“Vanity Fair”。

大约是那杯极浓极甜的咖啡发挥作用，我们一直精神亢奋；想到该告辞时，一看表已经三点半了。我还清楚记得步出公寓大门时迎面吹来的那阵轻柔凉风，以及胀满胸中的那股无限陶醉。

第二天，或者说天亮以后，我们赶在商店开门时买了一本相簿送去，请管理员转交张爱玲，然后就开车上路。离开洛杉矶竟已有二十一年。

* 首次发表于一九九五年九月十六日《中央日报》，标题被改为《在张爱玲没有书柜的客厅里》。

初识张爱玲

庄信正

夏济安先生一九六五年去世时我在坎萨斯大学教书。过了一年，出我意外地，仅有过一面之缘的陈世骧先生在电话上邀我去接夏先生留下的职位。当时加州大学固然遐迩闻名，它的中国研究中心同样声誉卓绝。在台湾念大学时期我就视夏先生为振聋发聩的导师，对他的学问和品德都很钦佩，他空出的“宝座”在我看来不消说是最好的去处，何况顶头上司又是陈先生这位学术界前辈，于是连声道谢，毫不犹豫地接受了。

一九六五年下半年或一九六六年初，母校印第安那大学比较文学系主任福伦兹教授要我推荐一位资深中国学者参加他主办的东西文学关系研讨会；我写信去约夏志清先生，他已做了别的安排，不能分身，结果经他辗转介绍请到了张爱玲。

一九六六年暑假返校，由福尔斯特教授“紧迫盯人”赶写论文，因此这次会议得以随时旁听。张爱玲那组未开始前几分钟，提研究报告者都已到齐，却未见她的踪影，福伦兹先生急了，问我是怎么回事，我当然更急，进进出出地逡巡着。最后张爱玲姗姗而至，事实上并未迟到。此前我见过她的照片，所以在门口一看到就认了出来，但她高而细的身材却出我意外，走起路来予人“飘飘欲仙”的感觉，那天她主要是现身说法，根据自己的实际经验谈香港的电影业情况。她带英国口音的英语流利而典雅，讲话亦庄亦谐，幽默起来若无其事而又妙语连珠，大家听得入神，有一次还哄堂大笑。

讨论结束，我和刘绍铭硬着头皮到学校附设的旅馆去求见。印象里老觉得她恃才傲物。但开了门知道我们的来意以后，她很客气地邀我们进房间坐了一会。两个初出道的青年讲师能当面向这位大作家表示“输诚”的微忱，都很兴奋。

这次匆匆的拜会成为后来我与她三十年半师半友的交谊的开端。那时她正拟申请瑞德克里夫学院一个奖助金，要我转托福伦兹教授替她写推荐信。她由印第安那返家——当时她住在美国首府华盛顿——以后随即来信说申请表上有一项问与推荐人认识已有多久，她与福先生刚刚认识不几天，条件不合，叫我不用找了（其实我已经找过，福先生也慨然应允），这是我收到她的第一封信，开头称我为“信正先生”。其后两封开门见山直抒胸臆，没有称呼。第四封开头则是“先正”。看来她很相信 Freudian Slip 这个现象，去年来信曾谈到有人写文章回忆她从前的事，一厢情愿地犯了一个 Freudian Slip；前年完成的《对照记》并就此词作了这样的解释：

> Freudian Slip（弗洛依德式的错误）。心理分析宗师弗洛依德认为世上没有笔误或是偶尔说错一个字的事，都是本来心理就是这样想，无意中透露的。

那么，“先正”可以说是从“信正先生”过渡到“信正”中间发生的“Freudian Slip”。（后来有一次她把“济安”写成了“离安”，这本是人人会有的习见的笔误，我去信时却冒冒失失地提到，她回信说：“‘离安’真可笑，我的模胡缠夹，只有广东话‘乌龙’可以形容。”）

就这样张爱玲开始注意到我，并且与我通起信来，使我这个仰慕已久的张迷受宠若惊。此后虽然我曾五次大搬家，对她的来信却真可以说世袭珍藏，全部保存了下来。

一九六六年她正在写《怨女》的英文稿，拟定名为 *Rouge of the North*（北地胭脂），书前想用“南朝金粉，北地胭脂”作为 Epigraph（卷首格言）。那年十二月给我来一信卡，说“我曾到 Library of Congress 中文部查‘南朝金粉，北地胭脂’出典，主要想知道是否七世纪写的。虽然大家都知道这句子，仍旧查不出，想托你查查”。当时我以为找大型辞书该可迎刃而解，孰料不但辞书里查不到，问了几位前辈也不得要领。到伯克利以后去请教陈世骧和顾孟馀先生，顾先生说大概是人们拿“六朝金粉”和“北地胭脂”两个词语凑合出来的，古书里似没有这样八个字一起连用。至此我认为已经上穷碧落下黄泉无可再考了，便写信向她报告。她回信也表示“真想不到这两句话的来历这样复杂”。一九六九年一月接到她寄赠的书，发现 Epigraph 是：“The face powder of southern dynasties, The rouge of northern lands, ——Chinese expression for the beauties of the country, probably seventh century.”用“probably”，显然至终未能肯定这句话典出何处。近三十年来我继续随时留意，连钱锺书的《管锥编》都特别翻检过，始终没有头绪。徐陵《玉台新咏序》“南部石黛，最发双蛾；北地燕支，偏开两靥”中第一、三句有点接近，但说不上是典故的来源。我相信顾先生的推测——英文所谓“Educated guess”——是对的。

这两天把张爱玲的来信查检了一下，发现一九六七和一九六八两年她除年卡以外仿佛没有来过信。那段时间她已获得瑞德克里夫的奖助金，去该校作“独立研究”，忙着英译《海上花》。一九六七年在年卡上加了一句“并贺大喜”，是因为那年我初次返台省亲期间经人介绍糊里糊涂订了婚，随即出了问题，回美国只告诉了她和身边几个朋友。等到次年她在卡上郑重地祝我“俪安”的时候，我倒正为着解除婚约而弄得焦头烂额。这里应当附带提一下：一九六七年十月张爱玲的丈夫赖雅在波士顿病逝，一个月后她竟不忘寄年卡写短简。我看着面前这张大型金色卡片上印着花式的“Happy Holidays”，想像到她当时紧迫的处境和落寞的心情，不免记起她作品中某些话来，如“人生是残酷的。看到我们缩小又缩小的，怯怯的愿望，我总觉得有无限的惨伤”。

一九六九年三月美国亚洲研究学会在波士顿举行年会，夏志清先生主持一个专题小组。鉴于我同济安师生前的关系，这位“师叔”与我成了忘年交，邀我提一论文，届时我们坐在讲台上正预备开讲，忽见张爱玲进入会场坐了下来。我一边同夏先生交换了又惊又喜的眼光，一边在“张看”下不由得加倍紧张。会后我们在那家旅馆的餐厅与她和於梨华四人同吃了一次中饭。

那年我决定离开研究工作去洛杉矶教书，济安师留下的位子对我而言是“宝座”，对张爱玲来说则是屈就；其实当年济安师也是如此，因为那不是个文学的岗位，充其量只能让他们二人临时用来落落脚而已。但她竟然答应接这个班。于是“有事弟子服其劳”，我得到了为她服务的难得的机会，不但做了她与陈先生之间的信使（她最初寄信和书往往托我转交，有时嘱我传话），而且替她做别的杂事。她寄来的履历表散散地打了三页，接着又寄来改正的第三页；我告诉了陈先生，遂由我将之浓缩为一页。原先她漏掉在印地安纳作的那次谈话，我也给加了进去。

年轻时她在上海喜欢“奇装异服”，到我认识她的时候，她的衣着已属于保守派了，穿一件素淡的旗袍。至于住处，她是实用主义者，从来不讲派头，只要方便就行。有一次对我说她宁愿买廉价而简单的家具，搬家时不至成为累赘。这对于我后来不注重房内摆设的习惯有直接的影响。她去伯克利以前我替她物色下榻的地方，曾收到她的一封信，具体表示了心目中的条件：

> （一）一间房的公寓（号称一间半），有浴室，Kitchenet；
>
> （二）离 office 近，或者有公交汽车来回方便。地点合适，宁可多出点房钱，每天可以省不少时间。
>
> （三）最好房子不太老，比较干净。
>
> （四）此外都随便，家具可有可无，如有床，最好是榻床或沙发，装修、光线、嘈杂、房间太小，都完全没关系。

一九六九年七月初，张爱玲由波士顿前往伯克利，开始了她晚年在加州二十六年的岁月。

* 首次发表于一九九五年九月二十八日《联合报》副刊。

“旧事凄凉不可听”

——张爱玲与《红楼梦》

庄信正

一九六九年一月收到了张爱玲来信，其中顺便提到“我趁这时候借书方便，写几篇红楼梦考证”。一九七四年十二月我刚转来纽约工作，接到她二十七日的信说“这一向很久都忙得发昏，在年前赶完一篇奇长的红楼梦考证。”这就是一九七七年出版的《红楼梦魇》，那年十二月她寄圣诞卡时所附的短简说“《红楼梦魇》迄未收到赠书，所以还没送你们一本。”

这是她惟一的纯学术性著作，花了十年才脱稿，因宋淇的戏语而定了这样的书名，并自嘲是“一种疯狂”。然而我相信细读此书者决不会有走火入魔的感觉，爱好《红楼梦》的人倒会乐于随时打开来重看，而一打开就可能难以释手。我有两个朋友，夫妇二人都是张迷兼红迷，熟读张著后，表示有意为之作注。我写信告诉了她，她很高兴，遗憾恐怕帮不上忙。这确实会是个浩大的工程。

一九七八年收到她寄来的书，急忙翻阅了若干章节（有的最初发表时已经读过），当即了解她为什么对自己这本书如此重视。首先是她对《红楼梦》的熟悉和体会无疑超过绝大多数红学专家。小时候就开始看，其后她每隔几年从头到尾重读一遍；再后来每遇到相关的资料便收集研究。但更重要的是她不去东抄西凑，而是注重于在小说本身求内证。

我记得乍打开书时不禁一怔，里面竟不厌其详地做了增补改正，连标点符号都不放过。这里不妨提出较重要的几处略加讨论。页三五四第八行第二个破折号删除；此行和前一行连用两次（四个）破折号，删除的是第五个，或许是手民误植。如果不删，文义不够明确。页一九〇第五行“贾家的近亲史、王、薛家都是南京大族”一句删去了“史、”，猜想是因为《红楼梦》故事发生时史家已经家道中落（湘云日常甚至要自己做针线），不再属于“大族”了。页四〇一最后一行“婚后宝玉绝不会用这方式替黛玉守节”中“绝”改为“决”；这两个字可互相通用，但她可能不喜欢“绝不”这种语法。页三二四第五行“煖阁”的“煖”改为“暖”。尽管“暖”亦作“煖”，而且白居易有“煖阁春初入，温炉兴稍兰”句，张却显然认为应严格依照曹雪芹的用法。页四〇〇中间一段一连有五个“煖”字，她也一丝不苟地圈掉，然后写上五个“暖”字。如此认真，使我这个“大而化之”的人既感且愧。页二一六第四行“又因他母亲的生日”的“亲”字该是编者或手民误以为是漏掉了而给加上，而这是引文，必须照抄，所以她郑重地给勾掉了。

有时改动文字，是为了使意思更清晰，例如页二八〇倒数第三行“他本是一个小丫头告诉平儿……”句，“他本是”有被误解为“他本来是”的可能，所以在“他”前头加“其”字，后头加“各”字，成了“其他各本”，一目了然。页三四〇最后一行“第五十六回在时间上与二者相距都远”句“二者”前面加了“乙、丙”二字，原因是这句以前谈过甲、乙、丙三种本子，有必要标明澄清。

最重要的改动有三处。页二四九第一段引第六十三回贾宝玉的话“幸得咱们有福，生在当今之世，大舜之正裔，圣虞之功德，仁孝赫赫格天……”。第二段结尾原有“将康熙比虞舜，因为顺治出家，等于尧禅位于舜”一句，也许她不愿裁定宝玉指的是康熙，所以删去。《自序》第八页第三段讨论抄本的演变情况，第二行说“而不同时期的早本已经传了出去，书主跟着改，也不见得每次又都从头重抄一份”，她在第三行开头加了“，又都不免有漏改的地方”，是要添新的论据来加重前文的语气。

页三一六第三行“……《红楼梦》旧批。”之后补加了如下的三行新文字：

> 此回这条总批，收入一七五四本时改用“茜香罗“名色，因为回内汗巾新改大红。但是供养宝玉夫妇不是一七五四本新添的——一七百五四本只改到今本第七十四回。因此蒋、袭养活宝玉宝钗是百回《红楼梦》原有的。

这里可以看出张爱玲对《红楼梦》巨细毕究，丝毫不爽。现在我还记得初读这一页和追加的几句时，顿觉她如数家珍般列举出来的细节排山倒海而来，使我几乎喘不过气。我给她的道谢信里有一句说“您对红楼梦太熟，而我太不熟”，是肺腑之言，聊表我心悦诚服之意而已。我告诉过她我的博士论文写的是《红楼梦》；读了她这部书不免汗颜。

《红楼梦魇》精密而详赡，是个宝库。她参考过许多红学家的成果，同时发现了他们的某些错失。第二十七回脂批“抄没狱神庙诸事”赵冈因未在中间断句而导致误会；张可能是第一个指出应在“抄没”之后加一顿号。吴世昌据高鹗诗“老去风情减当年”句而推断他昔年作后四十回，现在老了，“只能做些重订的功夫”云云，张认为“这样解释，近似穿凿”。李煦事败后总管内务府的一道奏折内有“仆人二百十七名，均交崇文门监督五十一等变价”等字，周汝昌解“五十一”为音译的人名，张指正说这是“仆人按男女年貌体力技能，分五十一个等级定价变卖”，确是不易之论。（二〇一八年按：这看法未必正确；见一九七〇年六月十八日张爱玲致庄信正信注释。）她对周在文革期间出的新版《红楼梦新证》似乎特别厌恶，屡屡加以针砭。

一九七八年冯其庸出了专书《论庚辰本》，我订购了一本寄给她。那年十二月她来信说该书对她极其重要，一九八〇年九月来信却表示大失所望：

> 夏天威斯康辛大学开红楼梦研究会，……这次冯其庸也出席，看来他的学说非常靠不住，《论庚辰本》我看不进去也罢。但是有在这里到底放心点。

张爱玲当然首先是个天才创作家，《红楼梦》在她“是一切的泉源”，所以才锲而不舍地“十年一觉迷考据”，先后“五详红楼梦”。她这本书另外一大贡献是以小说家的眼光深刻地探究了《红楼梦》的情节和人物。她认为“红楼梦是创作，不是自传性小说”。对于被删的“秦可卿淫丧天香楼”一节她感到极大的兴趣，用十多页篇幅推论分析，认为雪芹原稿必然是全用暗写的手法。她举出强有力的证据断定小说原稿共有一百回。现行的一百二十回本结尾宝玉穿大红猩猩毡斗篷雪地拜别贾政一节被鲁迅认为“令人觉得诧异”，但张爱玲辨认出“猩猩毡”三字是程甲本给加进去的；尽管初读后四十回时顿觉天日无光，她盛赞这一节“确是神来之笔，意境很美。”这里可以看出她胜过鲁迅的地方。

似乎她和俞平伯、周汝昌、吴世昌等红学家一样相信扬州靖应鹍藏的抄本。可是原书只有毛国瑶一个人声称见过，而不几年就神秘地迷失了。她猜测是拥有者怕被当局充公，以至这样谎报；但至今已三十多年，该书仍未再出。有人写信向毛提出质疑，并在去年第一期的《红楼梦学刊》发表长文否定该书的存在。我影印寄她，附带表示我认为作者的论点不无道理。她回信时说“关于靖本的剪报因为简体字阅读困难，还没看。”算是对我班门弄斧的一种棒喝。

她在《红楼梦魇自序》里痛惜“《红楼梦》未完还不要紧，坏在狗尾续貂成了附骨之疽”。但狗尾续貂者都不是张爱玲——曹雪芹之后另一伟大的小说天才。所以我不止一次建议她试试看。我说不一定要像其他续书那样亦步亦趋学原书的规格和笔法，大可自辟蹊径，用张爱玲风格；不然也至少可以根据前八十回已伏的线索和脂批的许多提示以及其他有关资料把她心目中贾家的结局细说端详。她也没有反应。

张爱玲的祖父是晚清名臣张佩纶，祖母是李鸿章的女儿；她祖父去世以后张家家道中落，她父亲又是不事生产的典型公子哥儿，她童年时期家计已渐渐拮据。作为一个文学天才，张爱玲本来就会喜欢《红楼梦》的，她这种身世更必然会增强她对小说及其作者的认同和亲近。除《红楼梦魇》专书以外，她在很多文章里提到过《红楼梦》，所以我定的这个题目太大，现今只能简短地写一点。

去年初看《对照记——看老照相簿》时，心里老是念念不忘《红楼梦》第二回的一条脂批："所谓'旧事凄凉不可闻'也。"这句话原出唐窦叔向诗《夏夜宿表兄宅话旧》，全诗为："夜合花开香满庭，夜深微雨醉初醒。远书珍重何曾达，旧事凄凉不可听。当日儿童皆长大，昔年亲友半凋零。明朝又是孤舟别，愁见河桥酒幔青。"并没有发生什么大事或惨事，无奈"当日儿童皆长大，昔年亲友半凋零"，岁月催人老，人生最大的悲剧是时间。事实上整部《红楼梦》就是"旧事凄凉不可听"。张爱玲认为贾家"散场是时间的悲剧，少年时代一过，就被逐出伊甸园。家中发生变故，已经发生在庸俗黯淡的成人的世界里。而那天经地义顺理成章的仕途竟不堪一击，这样靠不住。看穿了之后宝玉终于出家，履行以前对黛玉的看似靠不住的誓言。"从这段话可以看出张对雪芹的书领悟之深，也可想像她读到窦叔向这句诗时的感触。她读《红楼梦》和写《对照记》时都不可能不感怀自己的家世和生平。

《红楼梦魇》谈到第二十五回庚辰本眉批所说的"宝玉悬崖撒手文字"，但只说由此"可知末回'悬崖撒手'写宝玉削发为僧，在青埂峰下'证了前缘'"，此外没有多发挥。这些年我对这个题目非常好奇，还胡乱翻看了些禅宗典籍，查到一点有关的资料。我认为她对这个题目该也是很有些发人深省的话可以说的。人生被时间消磨，到了终极，看穿一切，恐怕不免要兴起悬崖撒手的念头的吧。

《沉香屑：第二炉香》临结尾前有一段这样写罗杰：

不知道为什么，他突然感到一阵洋溢的和平，起先他仿佛是点着灯在一间燥热的小屋子里，睡不熟，颠颠倒倒做着怪梦，蚊子蠓虫绕着灯泡子团团急转像金的绿的云。后来他关上了灯，黑暗，从小屋里暗起，一直暗到宇宙的尽头，太古的洪荒——人的幻想，神的影子也没有留过踪迹的地方，浩浩荡荡的和平与寂灭。屋里和屋外打成了一片，宇宙的黑暗进到他屋子里来了。

张爱玲临终前躺在房间里是否曾经回忆起半个多世纪以前自己写过这样的一段话？现在我坐在灯下，桌上摊着她的著作和红学资料，展开《对照记》和她的信函，想到的则是三十年来与她维持的半师半友的交谊和她的名句：“三十年前的月亮早已沉下去，三十年前的人也死了，然而三十年前的故事还没完——完不了。”

“旧事凄凉不可听”。——永别了，张先生！

* 首次发表于一九九五年十月台湾《联合文学》。

图书在版编目(CIP)数据

张爱玲庄信正通信集 / 张爱玲，庄信正著．-- 2版．-- 北京：新星出版社，2019.5

ISBN 978-7-5133-3010-7

Ⅰ．①张… Ⅱ．①张… ②庄… Ⅲ．①张爱玲（1920-1995）-书信集 Ⅳ．①K825.6

中国版本图书馆CIP数据核字(2018)第267556号

张爱玲庄信正通信集

张爱玲　庄信正　著

策划统筹　林妮娜
责任编辑　汪　欣
特邀编辑　赵丽苗
装帧设计　王　斑
内文制作　杨兴艳
责任印制　史广宜

出　　版　新星出版社　www.newstarpress.com
出 版 人　马汝军
社　　址　北京市西城区车公庄大街丙3号楼　邮编 100044
　　　　　电话 (010)88310888　传真 (010)65270449
发　　行　新经典发行有限公司
　　　　　电话 (010)68423599

印　　刷　河北鹏润印刷有限公司
开　　本　850毫米×1168毫米　1/32
印　　张　11.25
字　　数　230千字
版　　次　2012年9月第1版　2019年5月第2版
印　　次　2019年5月第1次印刷
书　　号　ISBN 978-7-5133-3010-7
定　　价　58.00元